UN AMOR a prueba de Clichés

IVONNE
VIVIER

colección
Romances
Y SONRISAS

LOVE

UN
AMOR a
prueba de Clichés

Título: *Un amor a prueba de clichés.*
© 2023, Ivonne Vivier
De la edición y maquetación: 2023, Ivonne Vivier
Del diseño de la cubierta: 2023, Cálice Servicios Editoriales
Primera edición: Noviembre, 2023
ISBN: 9798864985946
Sello: Independently published

Índice

Una Drama Queen

¿Cómo presentaría alguien, en pocas palabras, a Manuela? Eso sería imposible. Ella necesita más que «pocas palabras» para ser presentada.

Manuela, Malu para amigos y familiares, es un poco rebelde y la chica divertida de cualquier fiesta, siempre que esté entre gente de confianza y que le caiga bien. Simpática y a veces, escasamente razonable, lo que se resumiría en ser un poco cabezota. No necesita demasiado para enfurecer y explotar como una bomba atómica, aunque, en su defensa, hay que decir que pasa lo mismo a la inversa. Se le consigue robar una sonrisa en los cinco segundos posteriores al estallido monumental que puede, y no sería raro, causar risa en vez de miedo.

Es una chica que tiene ese *no sé qué que qué sé yo*. Dan

ganas de quererla, abrazarla y hacerse su amigo. Es linda, sexi, coqueta, bulliciosa a veces y poco disimulada, siempre. También es enamoradiza y una romántica empedernida, eso sí, a su manera, no del tipo de rosas y corazones. No se debería obviar el detalle de que es fantasiosa, muy fantasiosa.

Ella vive en una nube de ideas propias que nadie ve o entiende.

Si bien no lo reconoce, es algo negativa, o no, bueno, lo es. No se puede tapar el sol con un dedo, es negativa, aunque, por suerte, le dura tanto como su enfado. Caprichosa es un poco, sí, pero lo compensa con una enorme generosidad; por eso, se le perdona todo, y por vivir en la nube, esa que nadie ve, y también por ese *no sé qué que qué sé yo* que encanta y no tiene explicación.

Se podría decir que Manuela es una de esas chicas que disfruta del drama, de cualquier tipo. Y lo exterioriza, por supuesto.

Es una *drama queen* en toda regla, diría ella.

¿Y de dónde sacaría Malu esas palabras en inglés?, un idioma que apenas conoce. De sus libros de romance.

Si algo le gusta a esta peculiar muchacha es leer.

Lee siempre de noche, antes de dormir, no obstante, lo hace también en el bus, si lo toma; en sus horas de descanso, si no está cuchicheando con alguna compañera de trabajo o compañero, porque no hace diferencias si de cuchichear se trata. Durante el almuerzo también lee, si no tiene compañía; mientras cocina incluso, intentando no quemar la comida o confundir el horno con el refrigerador. En la sala de espera del dentista o ginecólogo es un clásico. En casa de su hermano, mientras cuida a su sobrino, que siempre está en peligro inminente con ella, también lo hace, pero en secreto, porque Mateo (su hermano mayor) la tiene amenazada con no volver a contratarla como niñera si su hijo se hace el más mínimo raspón. Otro raspón.

Todos saben que el pequeño es un poco diablillo, por eso, a la larga, Manuela sale indemne de cualquier culpa.

«¡Pero tú eres la adulta que viene a cuidarlo, Malu!», exclama por costumbre su hermano, a dúo con su madre, Mona, por lo general, cuando ella intenta responsabilizar a su sobrino para desviar la atención.

«Lo siento. No volverá a pasar. No me despidas, por favor, necesito el dinero», argumenta Malu, con carita de niña buena.

Lo que todavía no le sale bien es llorar a propósito y de mentira. Nunca lo logró, ni siendo una niña, cuando metía la pata cada dos por tres y se victimizaba para evitar el castigo.

Llorar es algo que una consumada *drama queen* debería manejar con pericia.

Una pena.

—¿Cómo te fue en la entrevista de trabajo de esta mañana? —quiso saber su madre.

La familia estaba reunida en la mesa del comedor, esperando para almorzar.

—Creo que bien. Se tomarán tres días, si no me llaman para entonces... —respondió ella dejando inconclusa la frase.

—Seguirás poniendo en peligro a mi primogénito —murmuró Mateo pinchándola y buscando una reyerta innecesaria.

—Exagerado.

—¿Lo dices por los dos puntos del mentón o por ese accidente con el monopatín en el que casi se rompe una pierna? No, ya sé, por esa quemadura con el horno cuando le permitiste hacer bollos contigo. ¿Eso es exagerar? —indagó el padre del pequeño con ironía.

—¡Esa quemadura me la hice yo, no él! —aseguró Manuela, defendiéndose con la voz elevada.

—¡Podría haber sido él! —exclamó su hermano. Lo único que pretendía era tener la razón.

Malu también.

—Lo repito, eres un exagerado —sentenció con un murmullo.

—Mateo, no quiero recordarte que el mejor amigo de tu padre es el traumatólogo que siempre atendía a tu hermana por accidentes ocurridos, casualmente, cuando quedaba a tu cuidado. Tanto lo visitábamos en la consulta que terminó viniendo a los cumpleaños infantiles solo por si acaso —argumentó la señora Mona.

No pretendía que dejasen de discutir, ¿por qué lo

haría? Era el divertimento familiar. Le encantaba echar leña al fuego.

—Ya veo de dónde sale mi exageración, mamá —expuso Mateo, y Malu le hizo una mueca tonta.

Lo que la mujer quería dejar claro era que su hija se distraía leyendo, en la actualidad, así como Mateo lo hacía jugando con algún *aparatito* electrónico portátil de los que había en su juventud y vivían en el interior de sus bolsillos.

Los hermanos eran tal para cual y por eso iban del amor al odio en cuestión de segundos.

La única seria y responsable de la familia M, así se hacían llamar, era la pequeña Marcia.

El benjamín de la familia entró corriendo sin percatarse de que la silla estaba en su paso y chocó con ella. Nada raro, nadie dudó de que eso ocurriría, como tampoco lo que sucedió después: un llanto descontrolado del crío de cuatro años, torpe y travieso como nadie lo había sido en la familia.

Ni Manuela había llegado a tanto en sus peores años.

—Ahí lo tienes. ¿¡También tengo la culpa de eso!? —exclamó, justamente, ella, ofendida con retraso.

—¿Qué le han hecho a mi hijo? —preguntó la madre de Milton, el pequeño, en tono de preocupación simulada y lo abrazó contra su pecho mientras este llorisqueaba.

El golpe no había sido para tanto, pero le encantaban los mimos y la victimización. Eso era lo que tenía ser el sobrino de su tía. Aprendía rápido y bien cómo hacerlo, y mejoraba con los días.

—Cuñada, qué bueno que llegas. Tu esposo es… mejor dicho, «no» es un buen padre. Salgo de testigo en tu divorcio —bromeó Malu, pinchando a su hermano.

—Será mejor que corras si no quieres llorar —avisó este.

—¡Corre, tía, corre! —gritó el niño, hipando todavía y siguiendo a su padre, que ya tenía a Malu atrapada con un brazo para tener la otra mano libre y enredarle el cabello hasta dejarlo hecho un nido de pájaros.

—¡Te voy a matar! Un día lo voy a hacer, Mateo. ¡Eres un estúpido! —vociferó furiosa, luchando con la maraña de su cabello.

—La comida está lista —anunció Mona desde la cocina y agregó, solo por molestar—: Péinate, Malu.

En la familia M, todos eran bromistas, exagerados y gritones, menos Marcia. Quien ya bajaba la escalera con sus andares elegantes, silenciosos y casi antipáticos.

—Hola, enano —dijo a su sobrino.

Tomó asiento en una silla libre frente a la mesa, sin sumarse a discusiones tontas o carcajadas divertidas. Por lo general, escondía entre las hebras de su melena un auricular inalámbrico, bastante pequeño, con el que escuchaba música para no tener que oír tanta tontería familiar.

«Si apenas parecen adultos», caviló negando con la cabeza.

Sus veintitrés años parecían los veintinueve de Mateo y viceversa. En cuanto a Manuela, Marcia decía que le sobraban quince de los veinticinco que tenía.

—Todos a la mesa —demandó Mario, el padre de la familia.

Miró seriamente a su hija de en medio y luego al mayor, que todavía reía por su maldad. Le gustaba que fuesen así de infantiles y risueños.

No sabía en qué había fallado con la pequeña, aunque dos de tres no era mal promedio.

—Malu, si tienes huevos en ese nido que llevas en la cabeza, ponlos en la nevera —bromeó con el rostro serio.

—¡Papá! —exclamó la nombrada, y no pudo más que reír por la broma.

Cada vez que su hermano le hacía eso en el pelo, debía recurrir a algún producto desenredante o a un lavado con mucha crema suavizante.

Miró a su hermano y murmuró:

—¡Te odio!

—Cuéntanos del trabajo nuevo, Malu —solicitó Marcia, interrumpiendo la diversión.

—Todavía no tengo un trabajo nuevo. Me lo dirán en estos días.

—Te aceptarán. Vas recomendada —argumentó el padre.

—Enchufada —agregó Mateo.

—Tú te callas —lo reprendió la esposa.

—Calzonazos —agregó Malu.

Mona miró a sus hijos y sonrió. Los almuerzos eran

una agradable locura si estaban todos en la mesa.

—Carla tiene varios años trabajando allí y me dijo que no son exigentes para tomar empleados nuevos, porque enseñan lo que deben saber —informó después.

—Ojalá tengas suerte —deseó su hermana pequeña, y le sonrió con sinceridad.

—Es una buena empresa. Nosotros hacemos varios trabajos con ellos —sumó el mayor—. Relájate. La semana que viene, seguro que ya te toca madrugar para ir a trabajar.

El rebelde de la familia

Mirco Miller elevó las cejas, puso los ojos en blanco y negó con la cabeza al escuchar las palabras pronunciadas.

Siempre que escuchaba a su padre, intentaba mantenerse impasible. Eran frases del tipo: «le gusta la juerga más que madrugar», «no es como el mayor, pero sigue siendo un Miller» o parecidas.

Al presentarlo, minutos antes, había dicho: «Lo siento, Suarez, este trabajo lo hace mi hijo Mirco. Con suerte, saldrá bien».

Odiaba que su padre dijese cosas por el estilo, y más si acompañaban su nombre. Parecía que un error marcaba el camino para su progenitor, y no se podía dar marcha atrás. Todo se definía a partir de ahí y no había posibilidad de explicar nada. Él juzgaba y condenaba sin parpadear.

—Padre, deja de presentarme de esa manera —rogó, escondiendo la frustración.

—¿Acaso me equivoco, Mirco? —ironizó el patriarca.

—No te preocupes por la presentación. Yo soy más de quedarme con mis impresiones que con las ajenas. Con todo respeto, Miller —dijo el hombre del tupido bigote que los acompañaba, y le tendió la mano con una sonrisa afable.

Mirco le agradeció con el mismo gesto.

—Me alegro de escuchar eso. Pasemos a mi oficina, así hablamos sobre los contratos y nos quitamos las dudas antes de ponernos a trabajar con el papeleo y los permisos municipales —indicó.

Su padre le sonrió al hombre, no a él, luego agregó:

—Te espero para tomar un café antes de que te marches, Suárez.

Mirco sabía que, con esa invitación, su padre buscaba corroborar que el negocio que traía entre manos con su poderoso amigo no hubiese sufrido daños.

Daños provocados por su «inmaduro» hijo, por supuesto.

Menos mal que no era inseguro, porque si lo fuese, con la actitud de su padre, estaría hundido. Cada vez que se le presentaba la oportunidad, lo tildaba de mujeriego, niño rico, el que vive de fiesta, la oveja negra, el rebelde…, en fin, la lista seguía y seguía. Algunas de esas palabras eran utilizadas en su presentación ante la gente, entre sonrisas y

16

bromas, no obstante, las pensaba de verdad. Mirco lo sabía.

La realidad era que lo había sido, sí, todo eso y más, aunque, con el tiempo, se había convertido en un excelente abogado con especialización en transacciones inmobiliarias. Era quien llevaba a cabo, con éxito, la negociación de contratos importantísimos y millonarios para la compañía de su padre.

Este último y relevante detalle no parecía influir en la mente del señor Miller, que prejuzgaba, según el punto de vista de Mirco, basándose en su pasado alocado y bien vivido. O vivido a su manera, con lo que tocaba lidiar.

«La juventud es un cofre del tesoro y ese tesoro son los recuerdos», le había dicho hasta el cansancio su abuelo materno, y así lo creía él también. Se le había pegado después de tanto escuchar y analizar la frase.

Mirco había disfrutado en consecuencia, cumpliendo la voluntad del viejo:

«Te estaré observando, Mirco. Llena ese cofre, que luego la vida se vuelve problemática, aburrida y seria. Prométemelo. Quiero irme tranquilo de este mundo sabiendo que tengo un compromiso que reclamar cuando te vuelva a ver», fueron las últimas palabras que recordaba que el anciano había pronunciado con claridad.

Claro que también tenía en su memoria los días que le siguieron a ese, cuando todo fue a peor y ya no hubo más que hacer por él. El hombre se marchitó tan rápidamente que apenas sufrió. Su nieto agradecía que así hubiese sido.

Aunque si pensaba en su madre, hija del viejo, no lo agradecía tanto. Ella no lo vio venir. En dos meses perdió a su padre y apenas si pudo creerlo.

Hacía dieciocho años ya de aquella desgracia. De cualquier forma, el consejo del hombre había llegado en el momento justo.

Mirco ya tenía treinta y seis años. Podía afirmar que su arcón estaba cargado a tope de buenos recuerdos y experiencias. Y en esos «tesoros» se basaba su padre para ponerle adjetivos calificativos cada vez que lo presentaba.

Si fuese de esos tipos vengativos que sacaban los trapitos al sol, como *Don perfecto Miller*, le cantaría un par de verdades. No lo era. Prefería no tener rencores y aceptar la realidad: en el reparto, le tocó ese padre, para bien o para mal, no había más.

Mirco rememoraba con placer su juventud, porque la vivió bien, con errores y aciertos; algunas fiestas descontroladas; un grupo reducido, no tan amplio como pensaba el resto, de mujeres para pasar el rato y un compromiso fallido. También había pasado un par de noches en el calabozo y había destruido su primer automóvil de lujo en un aparatoso choque. Él mismo había catalogado el accidente como un claro ejemplo de estupidez y rebeldía, debido a todo lo que estaba sucediendo por entonces en su vida.

¿Quién podría culparlo? En aquella época, era un adolescente furioso.

Las novedades lo habían sorprendido y asumir su nueva condición no le había sido fácil.

Otra vez, aquel abuelo sabio le había dado consejos útiles. También le había secado las lágrimas que siempre escondía de su madre, porque su papel de «hombre de la casa» fue lo mejor que le pudo haber pasado a su autoestima y por eso, nunca se permitió la debilidad frente a su progenitora.

Gala Ivanov, así se llamaba la mujer, era una guerrera. Su fuerza y empuje eran envidiables. Mirco la admiraba. Era su ejemplo a seguir y por ella, se había convertido en un hombre perseverante, de buen corazón, estudioso y responsable. Todo lo que su padre parecía, o elegía, no ver.

Algunos podrían decir: fue demasiado responsable desde muy pequeño. Podía ser.

Estuvieron solos.

Fueron ellos tres contra el mundo: su abuelo, su madre y él.

Y luego fueron dos, solo dos.

Miller, como siempre se refirió a su padre, se había caracterizado por sus ausencias, excusadas con inteligencia, no obstante, ausencias al fin.

—Has terminado por hoy —anunció Daniela, su secretaria, y se sentó en la silla frente al escritorio de su jefe—. Tienes cara de cansado. ¿No vienes con nosotros al bar?

—Por supuesto que sí. Me tomo una cerveza y me marcho. Hoy ceno en casa de mi hermano y no puedo llegar tarde.

—Nos vemos allá, entonces —aseguró la chica, y se puso de pie para ordenar su mesa de trabajo antes de abandonar el edificio.

—Sí, dame unos minutos y, Daniela, cierra la puerta, que tengo que hacer una llamada antes de irme.

Dos horas más tarde, después de hacer vida social con sus compañeros de trabajo, entraba en la casa de Oliver Miller.

Su hermano mayor tenía dos niños y estaba divorciado. La verdad era que no siempre habían tenido el buen trato que ostentaban de adultos. Habían pasado por mucho juntos y trabajaron dicha relación con responsabilidad y ganas. Literalmente, por aquellos años, tenían «ganas» de ser buenos hermanos. Lo lograron con el tiempo.

Después de todo, no eran los responsables de actos cometidos por adultos resentidos, celosos, irresponsables y prejuiciosos, entre otras cosas. Así lo entendieron después de una pelea a golpe de puños en la que intervino para separarlos, como era de esperar, el viejo Ivanov. Otra vez, ese abuelo entrado en años antepuso el diálogo y sus conocimientos de la vida para hacerle notar, al par de jóvenes rabiosos, lo que eran y que debían agradecer tenerse.

Cultivaron el respeto primero y lo demás, llegó solo.

Oliver, en la actualidad, tenía cuarenta y tres años, y seguía hablando de todo con su hermano menor, pidiéndole consejos si era necesario y dándoselos más de una vez. También tenían varios secretos compartidos, de esos que era mejor ocultarle a Miller padre.

—¿Te hizo algún numerito? —indagó Mirco, una vez que sus sobrinos se metieron en la cama y su hermano servía el último café de la noche.

—No. Es buena chica, pero no es lo que quiero a esta altura de mi vida. Es demasiado joven y con ganas de pasarlo bien. Yo ya estoy de vuelta.

—Los años no vienen solos, es cierto —murmuró Mirco, en broma.

No podía entender a su hermano. Se había convencido de ser muy mayor para volver a enamorarse y solo se permitía jugar un par de semanas a coquetear con alguna mujer para dejarla sin más, de la noche a la mañana.

—No soy un viejo, no lo veo así, pero... ¡tengo dos hijos, una ex un poco intensa y una familia un poco pesada! —argumentó Oliver.

—No me incluyas en tus problemas, que no soy parte de ellos. Te cargas una mochila que no necesitas. Deja que fluya —dijo Mirco.

—Quizá seas el único que se salva y, lo siento, pero das consejos que son difíciles de seguir.

—Deja de poner excusas. Das muchas vueltas, Oli. A

ver si te animo con esta invitación y comienzas por divertirte un poco más. Algunos días, salimos a tomar unas copas después del trabajo. Es un grupo divertido, en el que también está Carla, tu secretaria, eso sí. Igual, nadie habla de trabajo, nunca. Daniela es la organizadora y fue quien me invitó la primera vez. Quiso hacerlo contigo, pero, con esa cara de amargado que te traes, no se atrevió —bromeó.

—No sé si corresponde si están los empleados y nuestras secretarias —argumentó el mayor de los hermanos.

Mirco negó con la cabeza y rezongó por lo bajo antes de señalar:

—El respeto se gana de otra manera, la de nuestro padre está obsoleta. Nadie dejará de respetarme por compartir conmigo un par de cervezas, te lo aseguro. Te aviso la próxima vez, y no acepto un no por respuesta. Ahora, parto, que mañana madrugo.

Un malo malote tiene que haber

El viernes por la tarde, Manuela había recibido la llamada que le confirmaba el trabajo. Justo cuando ya creía que no lo harían, el móvil le había sonado.

Por ese motivo, estaban donde estaban.

—Este me gusta —dijo su cuñada, y ella negó con la cabeza.

—Bueno, me lo pruebo igual —agregó luego.

Ya sabían que con la ropa era muy indecisa, por eso no le discutían. Le gustaba cuando la veía en otros cuerpos, pero nada la convencía si de ponérsela en el propio se trataba.

Malu era de esas jovencitas que podría usar una

camiseta vieja de su hermano mayor, vaqueros gastados, un vestido de encaje, uno de esos veraniegos o incluso vestir de cuero de pies a cabeza y luciría espectacular siempre. No poseía un estilo personal y no le hacía falta, porque todo le quedaba bien. Quizá, esa era su particularidad: saber mezclar todo con todo, construyendo un conjunto divertido y colorido que engalanaba su encanto.

Ella no lo veía tan claro.

Algo parecido ocurría con su corta melena, que en la actualidad llevaba hasta los hombros, de su color castaño natural. Había pasado por el rubio claro y algún que otro color en las puntas, aunque, un día, optó por «parecer más seria» y volvió a su color de nacimiento: un aburrido marrón caca, decía ella. Esa decisión coincidió con la pérdida de su anterior trabajo y la angustia de ver que sus ahorros desaparecían mientras buscaba otro empleo, sin suerte, claro está, hasta el viernes pasado.

No gastaría su escaso dinero en la peluquería, analizó entonces, con sabiduría.

—Odio que todo te quede bien —murmuró Marcia.

—¿De verdad creen que esta falda me queda bien? —quiso saber, observándose en detalle frente al espejo del probador.

—Pareces una secretaria ejecutiva si la usas con una blusa blanca, pero si llevas tus tacones rojos y el top transparente parecerás una prostituta de lujo.

—Me la llevo. Así no tengo que volver a invertir en ropa si meto la pata y tengo que salir a vender mi cuerpo —aclaró, dramatizando la situación, por supuesto.

Observó las prendas elegidas, las contó y suspiró resignada. Hasta sus últimos centavos la abandonaban en ese instante.

Durante la llamada telefónica, le habían indicado que debía ir vestida formal a la oficina.

«Nada de deportivas y vaqueros», le había advertido Carla, su nueva compañera y la santa a la que debería prenderle una vela en agradecimiento por conseguirle el trabajo. Era la hija de la vecina de su madre. Aunque ninguna de las dos jóvenes vivía en el barrio, se conocían desde siempre, lo que no significaba que fuesen amigas. Por razones laborales, habían preferido mudarse al centro, aun pagando alquileres caros pero necesarios para ahorrar en transporte. Así fue como dejaron de verse por el barrio.

—Ser adulto apesta —susurró Malu para sí misma al pasar la tarjeta de crédito, dejando puros ceros en su cuenta del banco con ese simple movimiento.

Eso repetía cada vez que debía responsabilizarse de sus actos. Actos que, por lo general, conllevaban gasto de dinero. Tal como había sido la elección de ese piso bonito en el que vivía, sola, porque no se veía capaz de compartirlo con nadie; o aquellas vacaciones en la playa paradisíaca en la que había gastado una pequeña fortuna.

Pagar una cifra de varios ceros por las prendas nuevas

para su *disfraz* de secretaria la enfrentó con el pánico, tuvo que hacerlo sin pensarlo dos veces. Tendría que pedir ayuda para aguantar lo que quedaba del mes.

—Las invito a un helado. No quiero volver a casa —anunció la esposa de Mateo con gesto de tristeza forzada.

—Es hora del baño, además de la rutina de comida y sueño de Milton, imagino —concluyó Manuela.

—Sí. Odio que llegue esta hora, es la peor del día. No tengan hijos a menos de que estén convencidas, cuñadas, están avisadas.

Carla miró a Mirco con los ojos nublados por las lágrimas y él le abrazó los hombros.

—Es un idiota —murmuro él, besándole la cabeza a la secretaria de su hermano.

—Lo sé, pero me gustaba mucho —hipó la chica.

Ambos estaban frente a la oficina de Oliver, en el pasillo. Mirco había ido a hablar con su hermano y la encontró lloriqueando angustiada.

Ella le había explicado, entre lamentos, que el hombre con quien salió varias veces había actuado con agresividad, asustándola mucho. La relación no había terminado en buenos términos, demás estaba decirlo.

—La próxima vez que alguien te tome así por los hombros —comenzó a decir él, y se los apretó un poco para mostrarle de lo que hablaba—, tú le pegas un rodillazo en las pelotas.

—No podría hacerlo, Mirco. Me bloqueo y quedo inmóvil como una tonta —le explicó.

—Entonces, lo empujas de alguna manera. Inténtalo. Empújame.

—No puedo, Mirco.

—¡Carla! No vuelvas a hacer lo que hiciste. No sirve quedarse quieta. ¿Quieres que te pegue? ¿Eso buscas? ¡Empújame de una vez! —exclamó, casi gritando, intentando provocar un efecto positivo en la asustada chica.

Para eso, también la zarandeó un poco, sin hacerle daño, por supuesto.

—Eh, ¡no le hables así! —demandó una voz femenina a su espalda, y Mirco giró la cabeza, sorprendido.

La voz sonaba dura, firme, decidida, furiosa incluso.

—¿Perdona? —preguntó ante el asombro.

—¡Eres un bruto! —exclamó la recién llegada, soltando chispas de enfado por los ojos.

Mirco no podía creer que estuviese reprendiéndolo una desconocida justo cuando estaba intentando ayudar.

—¿Yo? Si lo que yo… —intentó explicar.

—No deberías escucharlo, tal como hago yo —interrumpió Malu, indiferente al hombre que intentaba convencerla de algo que prefería ignorar—. Escucha, hay silencio en el ambiente. Es un mueble, ni eso, no es nada, ni siquiera es una persona. Es un «poca cosa» —argumentó

27

sin parar, dirigiéndose a Carla. Esta la miraba con sorpresa y diversión.

—Y tú no deberías meterte donde no te llaman —aseguró Mirco, un poco molesto por el desprecio que veía en la mujer y otro poco, para defenderse de acusaciones infundadas.

Manuela lo miró a los ojos, eso intentó, pero los lentes de sol que él llevaba no se lo permitieron. Entrecerró los párpados antes de seguir largando su veneno. Si era necesario le daría un golpe. Estaba midiendo si le daba en la cara, entre las piernas o en el estómago.

—Tú crees que puedes tratar como te da la gana a la gente, ¿cierto? A ver, machito de pacotilla, ¿por qué no te metes con alguien de tu tamaño?

—¿Esa serías tú? —quiso saber, un poco más confundido aún.

—Prueba —lo apuró sin amedrentarse.

Manuela quería parecer intimidante, por eso, decidió golpear la punta del pie varias veces y poner las manos en la cintura.

—Estoy perdido. Carla, di algo. —La nombrada solo elevó los hombros y negó con la cabeza—. ¿Cómo hemos llegado a esta conversación?

—Hacerte el desentendido no te funcionará conmigo ni te salvará de que te denuncie al sindicato. ¿Tenemos uno? —preguntó a Carla, y esta negó con la cabeza.

—No tenemos sindicato —murmuró él, solo por estar

todavía muy enredado con el diálogo que estaba teniendo con una desconocida con pintas de querer golpearlo.

—Entonces, te denunciaré a Recursos Humanos. Justo es para donde voy. Ellos me indicarán qué hacer. ¡Tipejo! ¿Cómo te llamas? ¿Cómo se llama? —preguntó otra vez a Carla. Sabía que el *pelilargo* no le respondería, como el cobarde que era.

—No respondas —murmuró Mirco, otra vez, dirigiéndose a Carla.

—¿Y le haces caso? ¡Le haces caso a esta basura con patas! Increíble. No te preocupes, lo averiguo con un chasquido de dedos. Sabré tu nombre, *hombrecito*. Y tú, ¡denúncialo! No permitas el abuso. Hoy solo te agrede un poco, pero mañana…

Manuela puso cara de mala, repasó de arriba abajo a Mirco, comenzando por el cabello suelto y rebelde que le llegaba a los hombros, y señaló a Carla antes de agregar:

—No te dejes.

La secretaria la miró con el rostro más compungido de lo necesario y afirmó con la cabeza, dándole la razón. Echó un vistazo a Mirco de reojo y lo vio cerrar los ojos e inflar el pecho. Imaginó que estaba contando hasta vaya a saber cuánto para no largar culebras por la boca contra la hija de su vecina.

Ella estaba reteniendo la risa. Ya le habían contado que Manuela era así de impulsiva.

—Siempre empiezan por poco, pero van a mayores.

Creo, eso es lo que dicen. Y a ti, cobarde, te vigilo. *Malote* de película de bajo presupuesto —añadió.

Con esas últimas palabras, Malu siguió su camino rumbo a la oficina de Recursos Humanos para entregar algunos formularios que le habían pedido para dar de alta su ingreso en la empresa Miller y asociados.

—Eso último, ¿fue un insulto? —quiso saber Mirco, todavía anonadado.

—Creo que sí —respondió Carla, riendo libremente.

—Te divierte, ¿no? Intentando ayudarte me gano una reprimenda de esta… esta… esta loca. No quería decirlo, pero no encuentro otra palabra. ¿Quién es?

—La nueva —respondió Carla riendo divertida.

—¿La que recomendaste? Tiene buen culo.

—¡Mirco!

Manuela iba murmurando improperios por lo bajo. Antes de hacer la denuncia en algún lado, hablaría con Carla, resolvió.

—Además, no tienes ni idea de cómo se llama el… el… el *tipejo* ese —musitó para sí misma, antes de golpear la puerta.

Siempre había un «malo malote» en sus libros y mira por dónde, la regla se cumplía en su trabajo. Ella no actuaría como esas protagonistas desabridas de las novelas, no, no, con ella no podrían.

«La realidad supera la ficción», masculló su voz interior. No sucedía a menudo, pero le dio la razón.

Malu ingresó a la oficina donde la esperaban y sonrió a la chica que le dio los buenos días.

Comenzaba con el pie izquierdo en su nuevo trabajo.

Esperaba que todo mejorase y la fea escena pasara a ser una más de su colección de anécdotas.

Enamorada del novio de mi amiga

Manuela caminó, todavía desorientada, por los pasillos de la empresa. Por fin divisó el comedor, su destino. Para llegar a él, había tenido que bajar en ascensor. Aunque, con su despiste, lo hizo después de subir, sin necesidad, varias plantas. Por error, claro.

Iba leyendo.

Había llegado al desenlace de la novela y le era imposible cerrar el libro.

—¡Manuela! —exclamó Carla, y levantó la mano desde una de las mesas para hacerse ver.

Bufó contrariada, no por encontrar a Carla, pues la estaba buscando, sino por tener que cerrar el libro.

El comedor estaba lleno de gente. Tuvo que esquivar unas pocas mesas hasta estar cerca de su ángel salvador, laboralmente hablando.

—Hola. Dime Malu, todos me llaman así —aclaró.

—Malu será. Bienvenida. Siéntate conmigo. Ahora pedimos la comida. Te recomiendo la ensalada de atún —señaló Carla.

—Gracias. ¿Cómo estás? —preguntó, con cara de circunstancia.

—Bien, ¿por? Ah, ¿por lo de hace un rato? —Malu afirmó, y Carla le sonrió—. Gracias por haberme protegido, pero era un simulacro. Él me estaba enseñando cómo actuar ante un malnacido como el que me empujó ayer y del que no supe defenderme.

—¿Ese hombre estaba ayudándote y yo le dije de todo menos bonito? ¡¿Por qué no me lo advertiste?! —exclamó Malu.

—Porque me estaba divirtiendo —aseguró Carla, y sonrió, después, volvió a elevar la mano.

Dos mujeres se acercaron sin titubear y tomaron asiento en las sillas vacías. Sonrientes.

—Chicas, les presento a Malu. Ellas son Daniela y Vanesa. Somos las tres secretarias de los capos —dijo.

—Capos —repitió Malu en voz baja, alarmada.

Claro, esas mujeres no tenían ni idea de con quién estaban hablando y Malu tenía muchos libros de capos de verdad leídos. Aunque no le gustaban mucho, los había comprado porque estaba de moda leer esa temática y no fue capaz de resistirse.

—Bueno, jefazos —corrigió Daniela—. ¿Qué lees? Guau, me gustan los libros de amor. ¿Me lo prestas cuando lo termines?

Malu la miró con los ojos entrecerrados y protegiendo con las manos el libro que había apoyado sobre la mesa. Nunca nadie había sido tan caradura de pedirle prestado un libro nada más presentarse. Eso era comparable a pedirle un riñón para trasplante a un desconocido.

Recordemos que la familia M es exagerada; Manuela, además, un poco dramática, y más si se trata de sus libros.

—¿Me lo devolverás? —quiso saber, con el ceño fruncido.

—Claro. ¿De qué se trata? —preguntó Daniela, pasando hojas sin orden alguno.

—De una chica que se enamora del novio de la amiga —respondió Malu.

—Uf, no se lo deseo a nadie —murmuró Vanesa.

—Duele como si te quitaran las uñas con una pinza —indicó Manuela, sin darse cuenta de que lo había hecho.

—Espláyate —solicitó Carla, y se acomodó para escuchar.

Nunca le hacían asco a un buen cotilleo, ninguna de las tres secretarias.

Malu suspiró resignada y comenzó a relatar una pequeña historia:

—Mi amiga Zoe conoció a un chico en un bar. Yo conocí al mismo chico en una parada de autobús. Ambas comenzamos a hablar con él y con el tiempo, nos enamoramos las dos. Él eligió a Zoe y no puedo culparlo por eso. No jugó para uno y otro bando ni nada parecido. Aclaro también que no me sedujo para después dejarme tirada. Solo fue bueno, simpático y divertido, y yo soy muy enamoradiza —finalizó elevando los hombros con estoicismo.

—¿Zoe sigue con él?

—Sí, pero se fueron a vivir lejos. No los vi más. Mejor. Sufrí mucho —agregó, y hubiese querido añadir un par de lágrimas para darle más emoción al momento.

Era imposible, no salían. Aunque sentía un pequeño dolorcito en el pecho.

—¿Tienes novio, Malu? —quiso saber Carla.

—No. No volví a enamorarme. Él sigue en mi cabeza.

Las tres mujeres hicieron silencio, como si estuviesen en un velatorio, y la miraron con lástima.

Malu bajó la vista y suspiró.

Se arrepintió al instante de haber contado semejante intimidad.

—Lo siento, chica —murmuró Vanesa, la mayor de todas y la más seria. Era la secretaria de Miller padre.

—Debe ser una porquería amar y no ser correspondido —argumentó Daniela, palmeándole la mano como con lástima.

—Alguna vez, a todos nos pasará. Ya conocerás a alguien, Malu —aportó Carla, y le acarició la otra mano.

Manuela no lo soportó.

No podía ser la mujer abandonada del grupo. Era horrible ser la sufrida, la engañada... ignorada, eso, pegaba mejor la última palabra. Ya tenía suficiente con ser la nueva y haber metido la pata nada más entrar al edificio.

—¡Es broma! —exclamó, y soltó una carcajada exagerada para que la creyesen.

Su actuación era digna de un premio de la academia.

Eso creía ella.

«Tampoco te creas tan buena, Manuela. Tu risa mentirosa se notó demasiado. Debes practicarla más», señaló la voz de su conciencia.

—¿¡Cómo!? —preguntó Daniela con asombro, y un poco divertida por haber sido víctima de una broma.

—Que es una guasa, solo pretendía divertirme un ratito a su costa —explicó Malu.

—Se me cerró el apetito, mala. ¡Con esas cosas no se juega!

—Esta no te la perdono —amenazó Carla.

—¿Te recuerdo tu bromita de esta mañana? —inquirió Malu, y enseguida comenzaron a relatar lo ocurrido, para deleite de las otras dos chismosas que reían a carcajadas.

Así se había presentado Manuela, al mejor estilo Malu: mareando con su conversación, haciéndose querer de inmediato y ganando risas con sus chanzas.

Mirco hizo una mueca al ver a la «gritona» con su secretaria y prefirió alejarse.

—No vaya a ser que te clave el cuchillo de plástico con el que está comiendo —murmuró, y escribió un mensaje dirigido a Daniela.

Tenía que avisarle de la cancelación de la reunión.

Al recibir la confirmación que esperaba, se alejó sin ser visto y caminó hacia la puerta de la calle.

—Mirco —escuchó que lo llamaban.

—Padre, ¿cómo te fue?

—Bien, está todo arreglado —respondió el hombre, haciendo referencia al problema que había ido a solucionar con un empresario con quien tenía contratos laborales importantes—. Córtate el pelo, que pareces un surfista. Ya tienes una edad…

—Pronto lo haré —aseguró él, interrumpiéndolo. No mentía.

Había dejado crecer su cabello por una promesa que se había hecho, y la había cumplido.

Solía inventarse ese tipo de desafíos. Había dejado de fumar por uno de esos retos hechos consigo mismo cuando cumplió los veinte. Pagó la hipoteca de la casa de su madre de la misma manera. Y canceló su compromiso, entre otras cosas de menor importancia, haciéndose una promesa para sí. La última de ellas había sido una tontería, pero le había servido de incentivo, como siempre, para lograr algo que debía dejar de aplazar y no lo hacía.

No se cortaba el cabello desde hacía un tiempo y se propuso hacerlo si se decidía, por fin, a borrar la aplicación de citas, con la que había tenido varias de ellas desagradables, por cierto. Había sido su culpa, lo sabía. Odiaba seleccionar a una mujer como si se tratara de una fruta en la frutería y ser elegido de la misma manera, todo para encontrarse, tener sexo, y no volver a verse. Al final, durante algún encuentro, se le había notado su desagrado con comentarios desafortunados y mala cara.

Como decía siempre su padre: *ya tenía una edad...* Le había servido, no diría que no, y hasta estaba contento con su propio desempeño. Conoció un par de mujeres interesantes y otras, no tanto. Retomó la costumbre del coqueteo, de las miradas pícaras y ya tenía nuevas frases para ligar. Todo lo que había perdido por estar en una relación seria fue recuperado y practicado gracias a la aplicación en cuestión.

Era suficiente.

Muchas cosas habían cambiado desde sus últimos días de soltería y esos encuentros le habían enseñado bastante sobre las nuevas maneras de conocer gente.

—Sí, a otro con el cuento ese. Nunca aceptas un consejo de tu padre —murmuró el hombre, en respuesta a las palabras de su hijo, y se alejó sin más.

Mirco negó con la cabeza y lo dio por perdido. Su padre no tenía un buen concepto sobre su persona y no había forma de que cambiase de parecer por nada del mundo.

Cuando volvió a encaminarse hacia la salida, tropezó con *ella*.

—No me ataques, soy inocente —expuso en broma.

Malu lo miró de arriba abajo y siguió su camino.

No lo reconoció y estaba urgida por tomar un poco de aire.

Se había sentido bastante mal ante las miradas de lástima de las tres mujeres. Ya se juzgaba demasiado tonta por seguir enamorada del novio de su amiga, no necesitaba que los demás pensaran lo mismo.

Hacía años que cada hombre que se le acercaba era comparado con ÉL y nunca le llegaban ni a la suela de los zapatos.

ÉL era todo lo que una mujer como ella anhelaba.

Quienes conocían la historia, le habían repetido cientos de veces que lo idealizaba, pero ella seguía insistiendo en que su sentimiento era real, que no era un amor platónico.

—Hey, ¿te sientes mal? —preguntó Mirco, aunque no obtuvo respuesta.

Romance jefe y secretaria. ¿Será?

Era el cuarto día de trabajo de Manuela y todavía no le habían presentado a sus jefes. Se sentía en falta, ella, como si tuviese la culpa.

Le habían dicho que los tres tenían una serie de reuniones y demás. También le aseguraron que, llegado el momento, le avisarían, que no pasaría del viernes.

Bien, el día había llegado.

Al entrar al edificio, la recepcionista le dio la orden de subir hasta los despachos de los señores Miller.

Hacia allí se dirigía en el elevador. La puerta tardaba una eternidad en cerrarse. Tiempo que ella dedicaba a admirar a los trajeados que deambulaban por ahí. Había algunos que bien merecían una segunda mirada.

Un hombre guapo, rubio, peinado con el cabello hacia

atrás y alto (entre otros atributos), del que casi imaginaba su perfume, se dirigía hacia la cabina. El chico en cuestión iba distraído con el móvil, por eso, Malu pudo darle un buen repaso sin ser descubierta.

—¡Ay, madre! —murmuró Malu al verlo acercarse.

«Cálmate, que te desmayas», ordenó su yo interior, ese que siempre estaba fastidiándola.

Su corazón comenzó un galope molesto y aturdidor que la volvió torpe e insegura. De pronto, creyó que la falda era demasiado ajustada, la camisa un poco más escotada de lo que debería de ser y el pintalabios rojo le sobraba. No quería que pensara que iba de ligue a trabajar.

«No debiste ponerte los tacones rojos tampoco», se reprendió en silencio, echándoles una mirada a sus zapatos, queriendo hacerlos desaparecer.

Al levantar la vista, el joven elegante hizo un giro de noventa grados y desapareció de su visual.

—Oh, no. ¡Cretino! —murmuró, justo cuando las puertas se cerraban con ella dentro, y sola.

La frustración por haberse puesto nerviosa en vano la hizo sonreír.

Los ascensores le realzaban la libido, no podía negarlo, y la culpa, una vez más, era de sus novelas.

Mirco subió los escalones de dos en dos. No quería olvidarse de pasar primero por el archivo para presentarse. Se lo había recordado Daniela con un mensaje de texto. Por eso evitó el elevador.

Golpeó la puerta cerrada un par de veces y asomó medio cuerpo.

—Hola —saludó, entrando al amplio espacio con tres escritorios y muchas estanterías.

—Buenos días, señor Miller —dijeron al unísono Paola y Tori.

—¿La chica nueva? —preguntó.

—Aún no ha llegado, pero siempre es puntual —aclaró una de ellas, defendiéndola—. ¿Necesita algo?

—No, solo quería conocerla. Vuelvo luego.

Cerró la puerta y entonces sí, se montó en el ascensor, porque le quedaban varias plantas por subir.

Malu llegó hasta el escritorio de Daniela y pidió hablar con el señor Mirco Miller.

Se sentía nerviosa. El ambiente de oficinas la hacía divagar más de la cuenta y ya estaba alucinando con que uno de los jóvenes jefes fuese guapo y el hombre ideal que le hiciese vivir un tórrido romance de «jefe y empleada», porque ella no era la secretaria.

No le importaba variar un poco el tópico y darle un toque más personal.

—Todavía no ha venido. ¿Quieres esperarlo? —respondió la mujer.

—No, voy a ver al otro jefazo, entonces. Solo quiero presentarme. —La intriga de saber cómo eran en apariencia, la ponía ansiosa—. Te veo luego. ¿Almorzamos juntas?

—Claro, avisaré a las chicas.

Mirco se dirigió directamente a la oficina de Oliver, porque debía comentarle las novedades sobre uno de los terrenos que comprarían para construir un edificio de oficinas.

No estaba allí. Notó que la ventana estaba abierta y la lluvia mojaba la alfombra. Al no estar su hermano, quiso evitar que todo se inundase o mojara libros y papeles importantes si la lluvia se volvía más copiosa.

Se acercó e intentó cerrar el panel. Era un pequeño cuadrado de vidrio que hacía las veces de respiradero, el resto del cristal, del suelo al techo, ocupaba todo el ancho del despacho. Dese allí, se podía disfrutar de la maravillosa vista de la ciudad.

—Mierda, esto está atascado —murmuró, y soltó un exabrupto. Se había lastimado el dedo.

Malu llegó a su destino y lo que vio la dejó sin habla. Todas esas fantasías vividas entre sábanas y páginas se estaban cumpliendo: un adonis con el cabello recogido, vestido con un traje azul que, por supuesto, le quedaba como un guante (no de otra manera, porque el cliché decía como un guante), permanecía erguido frente al ventanal que daba a la enorme ciudad, con las manos apoyadas en el borde, obviamente, observando todo con nostalgia.

La última parte la estaba inventando, porque no podía verle la cara, no obstante, si de fantasías se trataba, iba a por todas. La nostalgia siempre le pegaba a los CEOS o jefes trajeados.

—¡Me cago en la puta...! —exclamó el adonis y soltó un par más de sonoros improperios.

La burbuja se rompió de inmediato.

Malu pestañeó del susto y golpeó la madera de la puerta abierta con los nudillos.

—Perdón —dijo desde la entrada, para hacerse notar.

—¡¿Qué pasa?! —preguntó Mirco, sobresaltado, y se giró para ver quién lo interrumpía.

El dedo le sangraba un poco y se lo llevó a la boca. Lo que quedaba a la vista era solo una parte del rostro, un tanto desfigurado por el ceño fruncido, y unas enormes manos de dedos largos.

Malu se mordió el labio inferior. Su rompecabezas imaginario unió las piezas y lo inventó guapísimo, gruñón, por supuesto, pero de imponente belleza. El traje le quedaba como un maldito guante por delante también.

Si se quitara la mano podría ver más de lo que suponía era un rostro bonito, masculino, sensual... seguía divagando.

«¿Debería tropezarme y caer de boca?», analizó.

En los libros resultaba.

«Ni se te ocurra hacer semejante tontería», respondió su vocecita.

Olisqueó el aire en busca del perfume, que debía estar impregnándolo todo según sus autoras favoritas, y puso cara de asco. Lo único que olía era a tabaco.

Torció el gesto al ver un cenicero sucio.

«Esto no encaja», expuso su otro yo, el molesto.

—¿Me estás escuchando? —repitió Mirco, por tercera vez, todavía con el dedo ensangrentado entre los labios y las manos cubriéndola la cara casi por completo.

Manuela elevó la mirada que había anclado en los zapatos relucientes. El muchacho seguía con el ceño fruncido, irritado y chupándose un dedo.

Se le hacía familiar ese hombre, lo que podía ver de él, en realidad.

«Si no se cubriera tanto el rostro, tal vez, me daría cuenta de si lo conozco», agregó su mente intentando encontrar similitudes con sus conocidos.

—¿Por qué entras al despacho sin haber llamado? —volvió a preguntar él, girándose para acabar de cerrar la ventana.

—Sí que llamé —se defendió ella, enderezando la espalda.

Otra vez le rompía la burbuja de pensamiento. Y seguía sin presentarse.

Abrió la boca para hacerlo. Fue interrumpida:

—Pero entraste sin llamar —aseguró él desde el ventanal, dándole todavía la espalda.

—¡Eso no es cierto! —afirmó ella.

Mirco estaba avergonzado por las palabrotas que había soltado y esa hermosura de chica lo miraba con cara rara. Era la misma que le había descargado su bronca hacía unos días, y a quien debía presentarse.

Él sí la había reconocido.

¡Era tan hermosa! Toda ella, de pies a cabeza, lo era.

Se había puesto tontamente nervioso, tanto como para necesitar escapar.

Maldijo en voz baja. El dedo le seguía latiendo y sangrando, no era el momento de presentarse. Estaba manchándose la camisa y andaba con poco tiempo. Ya habría otras oportunidades, y seguro que más propicias.

Caminó hacia ella, mejor dicho, hacia la puerta, pero como Malu vivía en aquella nube... cerró los ojos por un momento, para dejarse sorprender. Lo que sea que el hombre hiciera sería excitante, siempre lo era (en los libros).

Después, si fuese necesario, defendería su honor y le gritaría, envalentonada, y hasta le golpearía la mejilla por atrevido. El teatro se le daba bien.

«Imagina que tiene barba de cinco días, o tres, depende de la historia», su cabeza era un hervidero de ideas, imágenes, fantasías..., y su vocecita sumaba fichas.

Mirco, al ver que ella no se movía, la esquivó dando un paso al costado, sin detenerse.

—Voy a buscar a Oliver —murmuró, y se fue.

No quería dar otra mala impresión, no ante ella.

—¿Eh? Pero… y… ¡No lo puedo creer! Qué frustración —siseó una vez que quedó sola, y encerrada en el enorme y masculino despacho.

«Esperabas que te empotrara contra la pared, ¿cierto?», preguntó su inquieta mente.

«¡Claro que no! Pero algo que me mojara la ropa interior por lo menos».

Enemie to lover

Mirco se miró la mano y negó con la cabeza. No podía creer que ese accidente tonto haya terminado con él en la enfermería poniéndose una vacuna por posibles infecciones, además de un poco de anestesia para los cinco puntos que requirió cerrar la herida.

—¿Qué te pasó? —preguntó su padre, al encontrárselo en uno de los pasillos.

—Un accidente tonto. La ventana del despacho de Oli estaba trabada e intenté cerrarla. En resumen: me dieron cinco puntos.

—Por lo menos es la mano izquierda —acotó el hombre mayor.

—Eso sí. ¿Ya has conocido a la chica nueva? —quiso

saber Mirco.

—Sí, vino a presentarse. Una jovencita muy dulce —respondió el hombre.

«¿Dulce? Yo diría cualquier cosa menos dulce», pensó.

Había tenido muy mala suerte con ella, también era cierto.

Volvió a preguntar por la tal Manuela y le dijeron que estaba en la cafetería. Justo iba hacia ese lugar, para darle la bienvenida de una vez por todas. Se había adecentado; su dedo estaba curado, vendado y sin sangre, y su tontería nerviosa, desaparecida.

—Mirco, ¿vienes a cenar a casa un día de estos? —indagó Miller antes de perderlo de vista.

Al escuchar la pregunta, quedó pasmado. Era rara e inesperada la invitación. Sabía que no era bien recibido en aquella casa, mejor dicho, su «presencia» no era agradable para la señora Miller. Bien recibido siempre era, porque la educación estaba ante todo con ella, no importaba que las ganas de verlo allí fuesen nulas. Las formas nunca se perdían.

—¿No prefieres ir a un restaurante, así no la molestamos? —dijo.

Se sentiría un poco más cómodo él también, para qué negarlo.

—No seas irrespetuoso —pidió su padre, en un tono un poco molesto incluso.

Mirco supuso que lo había malinterpretado y sintió la necesidad de aclarar su punto:

—No lo soy, por el contrario. No quiero importunar en su casa, padre. ¿Por qué tomas a mal todo lo que hago o digo? No puedo contigo, de verdad que no puedo.

—¡Mirco! —exclamó Miller.

—¿Tienes idea de la edad que tengo? ¿Todavía crees que puedes reprenderme nombrándome con tu poderosa voz? No me intimidas, viejo. No lo haces. Te respeto o lo intento, pero no me amedrentas y no cambiaré por ti. Te toqué en suerte, lo siento —argumentó con ironía.

Estaba enfadado.

—Cuando te pones así de impertinente, no te soporto —murmuró el padre.

—No me soportas, punto. Dilo. Sé valiente. Pero te olvidaste el condón hace treinta y tantos años. Hay que joderse —señaló Mirco con el rostro dolido y la seguridad en la voz.

—¡Eres un grosero!

—Tienes razón. —De inmediato se arrepintió—. Lo siento. Perdóname, papá. No debí decir lo que dije.

Miller cerró los ojos e inspiró profundo, dándose tiempo. Cuando su hijo se ponía en esa tesitura ¡se le parecía tanto! No entendía cuándo se había complicado su relación con él.

Mentira, lo sabía muy bien, pero era duro reconocerlo.

—Hijo… —murmuró, después de expulsar el aire, en un tono más conciliador y con otra actitud.

—No estoy de humor. Otro día seguimos con esta

amable tertulia —lo interrumpió Mirco.

Necesitaba olvidarse de la conversación y volver a ese estado de «no me importa» que practicaba con su padre. Después de todo, si le importara, no habría cambio alguno y lo padecería más.

Siguió, de manera automática, su camino hacia la cafetería del edificio. Tenía que encontrar a la chica bonita, con quien debía presentarse de una vez por todas.

Cerró los párpados un momento. Antes de entrar, necesitaba contar hasta diez.

Se había desubicado con su padre. Nunca había sido tan grosero. Sí, esa palabra era la adecuada. Debería disculparse otra vez, y lo haría. Lo último que quería eran líos con él.

Contando todavía y dejándose llevar, recreó en su memoria el rostro de la muchacha de cabello castaño, nariz perfecta, labios rojos y provocadores, mirada intensa… ¡Qué hermosa era! ¡Y qué bien lucía la maldita falda ajustada y tacones del mismo color que sus labios! Le encantaban los tacones rojos.

«Lo mejor de todo es lo bien que comenzaste con ella», pensó con sarcasmo, recordando las tres oportunidades en que se la cruzó.

Odiaba los malos entendidos. Le parecían tontos e inexplicables. Todo se solucionaba con un par de palabras bien dichas. Y oídos que quisieran escuchar…, por ahí pasaba la cosa. Entendía que ella era un poco impulsiva. Lo ponía a él en el borde del abismo con una sola frase. Lo volvía torpe y los nervios lo atacaban como nunca.

Levantó la vista y la vio de espaldas, tomando asiento en una silla, frente a una mesa pequeña.

—Te concentras, te acercas y dices: hola, me presento por fin, soy Mirco Miller y creo que te debo una disculpa… Eso es un buen saludo, ya luego te explicas un poco y listo. Allá vamos —murmuró de corrido, y dio el primer paso.

Al verlo acercarse, Malu le puso mala cara. No sabía por qué, pero ese hombre la sacaba de sus casillas.

«Pero está muy bueno», aseguró en silencio.

—Hola, soy…

—El tipo que casi me saca a rastras de la oficina de Miller hijo, te recuerdo —aseguró, advirtiendo que llevaba el dedo vendado y el cabello peinado hacia atrás, atado. No se había confundido.

—Sí, y soy… —comenzó a explicar Mirco.

—¡Claro! Ahora sí que te recuerdo mejor. Eres el que zamarreaba a mi amiga… ¡Claro, sí! —mencionó con efusividad.

Con el cabello suelto y gafas de sol se veía muy diferente, aun así, era él. Estaba segura de haber acertado. Por eso se le hizo conocido aun con el rostro cubierto por sus imponentes y hermosas manos, analizó.

«Concéntrate», se reprendió.

De inmediato, recordó que lo ocurrido con su exvecina había sido un ensayo, entonces, agregó:

—Si bien ahora sé que no estabas golpeándola o maltratándola por gusto o maldad, lo hacías. Por eso, no me disculpo. No debes ser bruto con una mujer ni siquiera con buenas intenciones.

—Eso es así —masculló Mirco. No iba a ponerse a discutir sobre el tema—. Tienes razón. Lo de disculparte no estaría de más ya que no tuve malas intenciones, no obstante, lo dejaré pasar para compensar mi mal comportamiento de esta mañana.

Ambos se miraron a los ojos, midiendo las consecuencias. Segundos después, ella asintió con un movimiento de cabeza.

«Sigue siendo un idiota, ¿recuerdas?», burló su yo molesto. No debía olvidarlo y esos ojitos podrían poner en jaque su buena memoria.

—Es un trato justo. Ya puedes irte —resolvió Malu, no de muy buena manera.

Menos mal que el traje a medida no le nublaba la razón. Porque no lo estaba mirando, la verdad, que si no…

—Es que quiero presentarme contigo —aclaró Mirco, y se sentó en una de las sillas vacías.

Malu bufó antes de largar su perorata:

—Mira, «machito alfa», soy una lectora incansable. A esta altura, ya me conozco todos los clichés y este que planteas, es el que menos me gusta. Por eso, ahórrate las palabras, no va a funcionar.

Mirco se quedó un poco confuso con tanta información. Torció la cabeza hacia un lado y elevó una ceja en un claro gesto de desconcierto.

¿Por qué con esa chica era todo tan complicado?

Debería estirar la mano, darle un apretón cordial a la de ella y decir su nombre, y marcharse sin más. Pero su culo parecía pegado a la silla y su mirada no quería abandonar el rostro tan femenino y delicado que tenía delante.

Malu, al ver que el hombre no reaccionaba y permanecía enmudecido, supuso que no había entendido nada de lo que había dicho.

«Hombres», pensó con ironía.

Daba por hecho que su monólogo anterior había sido tan claro que no hacía falta explicación alguna.

—*Enemie to lover* —aclaró después, con rotundidad. Para dar más énfasis, elevó los hombros.

—Si me lo traduces todo a un idioma que pueda comprender, te lo agradecería. Y no hablo del inglés de la última frase sino de todo lo demás. Ya sabes…

Manuela elevó el mentón y lo miró con menosprecio.

No respondió.

Mirco clavó la mirada en ella también, sin dejarse vencer.

Pasaron varios segundos y el silencio se hizo cargo del momento, volviéndolo incómodo como ningún otro.

Mirco frunció el entrecejo y elevó las manos, dando por entendido que no obtendría respuesta alguna. Se puso en pie y se alejó.

Así daba por terminada una conversación en la que no se había enterado de nada.

¡Cómo una desconocida podía hacerlo sentir tan torpe y tan nervioso!

Vaciló un poco. Estuvo a punto de regresar y tomar las riendas de un diálogo «normal», sin embargo, no lo hizo. Esa mujer y toda su locura lo dejaban con la mente en blanco. No quería volver a sentirse tan tonto como hacía un instante.

Malu tomó el primer sorbo del café frío y notó el temblor de sus manos.

«No pasa nada. Ya se te pasará la angustia. Se lo has dejado bien claro y eso es lo importante. Sabe que es un adonis y anda de pesca. No eres un pez más nadando en estas aguas turbulentas, Manuela. No debes dejarte convencer por esa boca de labios gruesos», se dijo.

«¡Qué linda boquita! Todo él es lindo. ¡Demonios! Y el celeste de sus ojos…», meditó, divagando con ella misma.

«¡Basta, no caigas! No, no te des la vuelta para mirarle el culo, Manuela. Eso es. Fuerza de voluntad. Vas bien. ¡Mierda! Bueno, solo por hoy puedes mirarlo».

«¡Qué buen culo!».

«Listo, gírate. Eso es».

—Me pregunto si me habrá entendido —murmuró, otra vez para sí misma, antes de acabarse el café.

Nadie podía adivinar, solo por verla ahí sentada, lo alta que era la nube de sus fantasías. Y lo llena que estaba de pensamientos inexplicables

La escena del ascensor: el beso

Manuela despertaba sonriente desde hacía días. Para ser más exactos, desde que el despertador sonaba para anunciarle que esa mañana seguía teniendo trabajo estable y su humor, también la cuenta bancaria, disfrutaban del mismo estado.

Saludando a todos a su paso, entró al ascensor de la empresa. Cerró el libro que iba leyendo mientras caminaba. Sí, ella podía hacer las dos cosas, y volvió a mirar la foto de su sobrino. Negó con la cabeza. El pequeño la tenía loca de amor. Presionó el botón del audio que le había enviado y lo escuchó cantarle una de las canciones que había aprendido en el jardín de infantes. Cantar era un decir, porque parecía que aullaba, el mocoso. Menos mal que llevaba todavía los auriculares puestos.

Apoyó la espalda en la pared del fondo y bajó la mirada hacia el botón de su escote, a veces se le abría. Justo en ese instante, comenzó una canción de la banda sonora de la película basada en la novela erótica que tanto le había sorprendido al leerla. Ya había terminado la cancioncita de su sobrino y ¡vaya cambio!

Suspiró ante la nueva y sensual melodía que llenaba su mente. Cerró los ojos para concentrarse mejor.

«¿Qué tendrán los ascensores?», pensó, y sonrió de lado con picardía.

Estaba sola otra vez, debería ser la hora, analizó.

Abrió los ojos para cerciorarse, por las dudas.

«Sola no estás», se dijo, al ver los talones masculinos y los bajos de un pantalón gris.

No tenía idea de cuándo había entrado el sujeto. Evidentemente, andaba muy distraída.

Cerró los ojos otra vez para no perder el hilo de la fantasía que empezaba a tomar forma en su maravillosa cabeza y aspiró fuerte, en silencio. El aroma de un perfume delicioso se le metió por la nariz, corrección, *inundó sus fosas nasales* (así solían escribirlas las autoras de sus historias preferidas), y se le erizó el vello de la nuca.

Elevó la mirada, recorriendo el cuerpo del hombre que tenía delante, deleitándose con las vistas.

«¿Sientes las piernas como gelatina, Manuela?», quiso

saber su endemoniada voz interior, y casi suelta la carcajada.

Esa frase le causaba gracia. Era imposible no imaginar a una mujer derritiéndose poco a poco, intentando tomarse de cualquier superficie para no terminar en el suelo y solo con medio cuerpo sólido.

Cosas de su imaginación...

Cerró los ojos pretendiendo no distraerse, obviando la maldita gelatina, y ¡el sueño se volvió tan vívido! En él elevó los brazos; los apoyó juntos en la pared, sobre su cabeza, y el hombre del rico perfume le apretó las muñecas con una mano. Con un lento y sensual movimiento, le coló la otra debajo de la falda, rozando el tanga de encaje negro, por supuesto (no el viejo *culotte* amarillo de algodón que se había puesto por estar en *esos días del mes)*, y la acarició justo en el punto... *ese* punto, con una maestría absoluta. Con una provocación que no había visto en ninguno de los hombres que había besado hasta el momento, su compañero de sueño se acercó a sus labios y los lamió, los mordió y por fin le hundió la lengua en la boca para enredarla con la de ella.

Según algunas escritoras, dicha lengua le rozaba el paladar. Malu nunca pudo imaginarse ese movimiento, la verdad, y hasta pensaba que le daría náuseas, por eso, descartó tal detalle.

El beso se volvió profundo, como los dedos que tenía entre las piernas, y se retorció de placer.

Manuela, la real, la que estaba en el ascensor iluminado como un refrigerador abierto y con un desconocido que le daba la espalda, sintió las manos picosas, inquietas y sabía que si estuviese en su cama se las hubiese llevado al sexo para acabar con la tortura a la que su fantasía la estaba sometiendo.

Se le escapó un suspiro y del susto, abrió los ojos.

El sueño se le descontrolaba por momentos.

Precisaba corroborar que el hombre no la había oído. Por las dudas, sintió la necesidad de rezar. No estaba segura de no haber gemido y pretendía que alguien de *allá* arriba la ayudase volviendo sordo al adonis de zapatos lustrados y pantalón gris.

«Necesitas dos padres nuestros y cinco avemarías como mínimo, Manuela», le aclaró su vocecita, con sorna.

Mirco sonrió al escuchar el suspiro que emitió la chica. No quería girarse para no tener que saludarla o discutir, o vaya a saber qué podría suceder con ella encerrados en un espacio tan pequeño.

Le había dado los buenos días al entrar, sin obtener respuesta alguna. Notó que escuchaba música con los ojos cerrados, entonces, prefirió darse la vuelta y mantenerse indiferente, de espaldas.

Era más sano así.

Corría menos peligro.

Se le estaba haciendo casi imposible no volverse y repasarle con la mirada las piernas una vez más, aun así, lo intentaba. La falda de ese día era más corta que las otras que le conocía, lo adivinaba porque no le había visto los muslos antes.

Apretó los párpados con frustración y decidió que tenía que saber más de ella. Algo se le ocurriría.

Todavía tenía fresca la *no* conversación anterior y no quería otra parecida, por eso, se convenció de que ese tampoco era el momento de enfrentarla.

La conocía desde hacía una semana y lo tenía pensándola a cada rato, dándole vueltas a la manera de presentarse. Algo tan fácil como decir su nombre, tenderle la mano y después alejarse con la tarea realizada se le estaba volviendo un desafío delicioso. Quería hacerlo sin más, y también quería programarlo a lo grande, para dejarla inquieta.

Así como ella lo dejaba a él siempre.

Eso haría.

La chica merecía que pusiese su creatividad en funcionamiento.

Tomó el móvil, borró definitivamente la aplicación de encuentros que todavía tenía ahí, a pesar de su promesa de no sucumbir a ella nunca más, y le envió un mensaje a Daniela para que le pidiese una cita en la peluquería.

Había cumplido su promesa y estaba seguro de que así

seguiría con la nueva presencia de la *loca linda* que tenía a su espalda.

Con esos nuevos y emocionantes pensamientos, Mirco abandonó el elevador.

Malu inspiró otra vez el aroma que había quedado en la cabina y frunció el ceño, frustrada por no poder seguir soñando despierta. Se había pasado y tenía que volver a bajar.

¿Cómo demonios había llegado hasta la planta de los jefes?

«Deberías conocer al último de los Miller», se recordó, pero llegaba tarde a trabajar.

—Buenos días —dijo Oliver, ingresando antes de que las puertas se cerrasen, y ella le sonrió en respuesta.

—Buenos días.

—¿Qué haces por aquí? —quiso saber el hombre.

Ella solo lo había visto un par de veces más después de saber que era el mayor de los hijos Miller. Era agradable y siempre le daba conversación.

—Alguien debió de apretar el botón y me trajo. Pero justo estaba por bajar.

—Te llevo entonces. ¿Qué tal la primera semana? —indagó él.

Manuela no pudo abandonar esos bonitos ojos celestes en toda la conversación. Aunque eran pequeños, llamaban la atención por lo claros que eran. Le parecía simpático y estaba de muy buen ver.

«Te duplica la edad, Malu, ¡por favor! Tampoco la tontería. No estás tan desesperada», se reprendió.

—Nos vemos —expresó a modo de despedida, abandonando el habitáculo con él dentro, y murmuró para sí—: Desesperada no estoy, pero va siendo hora de que me olvide del mequetrefe ese que me dejó un poco tonta.

«Arruinada para el resto de los hombres, leerías en tus libros», bromeó consigo misma.

—Tal cual —musitó, respondiéndose el pensamiento y acomodándose en su escritorio—. Buenos días, chicas.

Tomó algunos de los papeles que tenía que categorizar y su fantasía inconclusa volvió a aparecer en su prodigiosa cabecita. Daba gusto tener una imaginación tan poderosa. Con ella, vivía escenas cargadas de romance y sensualidad sin demasiado esfuerzo. No necesitaba ni buscarse un compañero. Su mal humor desaparecía en un instante y hasta llegaba con energías renovadas para comenzar su día laboral un lunes a las ocho y treinta de la mañana, por ejemplo.

«Tuviste un buen *mañanero*, Manuela», se felicitó, robándose una sonrisa.

Encuentro fortuito, ¡cómo no!

Manuela miró por la ventana y maldijo en silencio. Había quedado con su madre para almorzar y como le había pedido conocer la empresa por dentro, la llevaría después hasta su oficina. Le presentaría también a las secretarias *VIPS*, como llamaba a Daniela y Vanesa. A Carla ya la conocía de antes, y a Paola y Tori, sus compañeras, las vería en los escritorios enfrentados al suyo. Tenía todo organizado.

No iba a poder ser.

Llovía mucho y no quería mojarse, tampoco correr con los tacones que llevaba puestos. Tomó su móvil y le envió un mensaje a Mona para cancelar.

—Chicas, ¿almorzamos juntas? —preguntó después.

—¿No salías con tu madre?

—Esta lluvia no se lleva bien con mis tacones. Ella

puede venir otro día. Cuando estén listas, me avisan y bajamos.

—Yo termino esto y puedo irme —anunció Tori.

Mirco golpeó los nudillos en la puerta del enorme despacho de su padre y entró al escuchar que le daba permiso.

—Padre, debo hablar contigo.

—¿No puedes esperar? Tengo que leer este correo.

—No me voy a demorar mucho. Solo quiero disculparme por el exabrupto del otro día. No quise decir lo que dije. Lo siento —se disculpó Mirco.

—No mientas, dijiste lo que opinas y no te culpo. Puedes pensar como piensas, hijo. Tienes tus razones —señaló Miller.

El hombre recibió una mirada cargada de angustia y sonrió con tristeza antes de agregar:

—Soy yo quien debe disculparse contigo. Nunca fui un buen padre para ti.

—No es para tanto —masculló Mirco sin negar o afirmar nada.

—¿No? —inquirió el otro.

Mirco recordó algunos aspectos de su relación padre-hijo y bajó la cabeza. Tal vez, su progenitor resultaba ser más realista que él mismo. ¿Podía ser que la necesidad de tener una imagen paterna presente durante aquellos años que no la tuvo lo hiciese más proclive a aguantar tantos desplantes?

—Yo solo quería decirte que lo siento —repitió, esquivando la pregunta de su padre que, de todas maneras, había sonado de forma retórica.

No le gustaba tener que ahondar en sus sentimientos reprimidos por costumbre. Mucho menos, en su horario laboral.

Su padre era quien siempre intentaba hacerlo.

Se debían una conversación de adultos, lo sabía. Convenía descargar tanta frustración, enojos, errores, palabras dolorosas y pensamientos negativos de una vez por todas.

«Son demasiados los años de silencio», pensó.

Era él quien cerraba las puertas a cualquier comunicación profunda. No importaba cuánto lo provocase su padre, él no reaccionaba y el viejo Miller lo ansiaba, aunque su hijo no lo supiera.

El hombre se estaba haciendo mayor y cada vez se le hacía más imperiosa la necesidad de contarle sus secretos, ahuyentar sus fantasmas, sincerarse hasta llorar si fuese preciso. Porque sabía que si algo o alguien podría hacerlo llorar alguna vez, ese sería su pequeño Mirco: un hombre honrado y sensible hecho a fuerza de dolor y desprecio. Su desprecio.

—¿Vendrás a cenar a casa? —preguntó con una importante carga de esperanza en la voz.

—Otro día —respondió el muchacho.

El hombre mayor lo miró a la cara, sin mostrar sus sentimientos para no condicionar ninguna respuesta, y afirmó con la cabeza.

—Ese día llegará, hijo —le aseguró.

—Lo sé. Pero no es el momento. Aún no.

Mirco dio los pasos forzosos para llegar hasta la puerta de la oficina y giró para mirar a su padre.

El tiempo pasaba implacable, lo tenía claro, pero las promesas eran promesas y él las cumplía siempre. Se reconocía como un hombre leal consigo mismo y no quería dejar de serlo. Mucho menos, por quien le había fallado a él y a su madre.

Tomó el móvil y la llamó:

—Me pasa con la bella Gala Ivanov, por favor —bromeó.

—Déjate de tonterías, Mirco —dijo la mujer.

—Estoy buscando a alguien que quiera cenar conmigo esta noche.

—Casualmente, estoy libre. ¿Me invitas a un lindo restaurante?

—Solo si te pones guapa, quiero dar envidia.

—Pasa por mí a las nueve —notificó ella, feliz de pasar un rato con su *niño grande*.

—Nos vemos a la noche, mamá —confirmó él, y cortó la llamada.

Sonriente como estaba, entró al elevador y recibió la

mirada de tres pares de ojos.

Los que más le interesaban eran los de la joven bonita que lo tenía con los pensamientos alterados.

—Señoritas —murmuró, y agregó un ademán con la cabeza a modo de saludo.

Todas sonrieron, mejor dicho, dos de ellas lo hicieron.

—Mecachis —murmuró Malu, y bajó la vista para poder meterse en sus pensamientos.

«Señoritas, dice. Ni siquiera dice "hola" como todo el mundo. Nadie babea por ti, adonis del inframundo», murmuró para sí misma.

«¿Inframundo?».

«Lo que sea. Bien podría ponerse algo que le cubra ese culito redondo, así no tengo que mirárselo».

«Lo tiene cubierto y nadie te obliga a clavarle tu libidinosa mirada», se autorreprendió.

«Él lo hace. Que se ponga en un costado, ¡no delante de mis ojos!».

Mirco buscó mentalmente la forma de solicitarle que se quedase un momento con él para poder hablarle.

No sabía qué, pero algo quería decirle y observar con atención esos gestos tan suyos, con los que le deseaba una muerte lenta.

Podía adivinarlo. Ella no lo quería y él no entendía los motivos de esa antipatía.

—Hola, Mateo —dijo Malu en voz baja, atendiendo la llamada que había hecho vibrar su móvil—. Sí, mala suerte. Se había ilusionado y yo también. No faltará oportunidad. Nos vemos a la noche.

Mirco se quedaría con las ganas de retenerla. Cerró los ojos y renegó en silencio. Nunca contempló la posibilidad de que tuviese pareja.

Cuando las puertas se abrieron, salió raudo hacia la calle. No tenía los ánimos para almorzar con nadie. Decidió ir al barcito que solía visitar, donde uno de los dueños era cordial y le daba conversación superficial, justo como la que demandaba su mal humor.

Nunca comía en la empresa. No le gustaba nada de lo que había en el menú. No consumía hamburguesas, odiaba almorzar sándwiches los días entre semana, las salsas de la pasta eran horribles y las ensaladas, desabridas. El café pasaba por bueno.

Llegó hasta la puerta del edificio y se percató de que la lluvia era torrencial. No había paraguas en el mundo que lo cubriese. Tampoco quería sacar el coche por dos calles. Se mojaría al bajar de todas formas.

—¡Mierda! —exclamó con frustración.

—Y dicen que no parará hasta dentro de varias horas —anunció el hombre de seguridad que custodiaba la entrada—. ¿Quiere que le pida un taxi, señor Miller?

—No hace falta. Gracias.

Se tendría que conformar con una de esas ensaladas aburridas. A ver si lograba conseguir una porción extra de condimentos.

Malu observó el menú que había sobre la mesa y analizó las opciones. La ensalada de atún le parecía deliciosa, pero tenía mucha más hambre que para una simple ensalada. Nunca había pedido la hamburguesa.

—¿Qué tal es la hamburguesa? —preguntó.

—Aceptable —respondió Paola—. Yo pediré pasta.

—Yo me conformo con un yogurt y frutas. Estoy a dieta —anunció Tori.

—Tráeme una hamburguesa con queso y, ¡mierda! —exclamó al final.

—¿Perdona? —la chica que anotaba las comidas quedó desconcertada.

—Dios mío, no —aclaró Malu, y comenzó a reír a carcajadas. Las tres mujeres la siguieron sin poder detenerse—. No como de eso, claro que no.

—Ya decía yo —agregó Tori entre risas.

Malu repitió su pedido y miró hacia la puerta del lugar. Allí estaba el rubio arrogante, echando un vistazo para todos lados con cara de aburrido y constipado, eso pensaba ella.

Lo que Mirco tenía era hambre y no había ni una mesa vacía. Hasta en la pequeña barra había gente. Con la lluvia, todos quisieron quedarse resguardados allí.

«No lo hagas, Manuela. No lo soportas. No lo salva ni el trasero lindo ni los ojitos o la boca, no lo hagas. Malu, piénsalo mejor. ¡Ay, madre! Lo harás», su vocecita interior siempre la contrariaba, ¿o era al revés?

—Creo que no tiene lugar. Si quieren pueden llamarlo para que se siente en la mesa —murmuró, con ganas de que las palabras no le salieran, aun así, le habían salido.

¡No podía creer estar diciendo eso!

—Yo no tengo confianza con él —explicó Paola.

—Qué más da, es un compañero de trabajo —acotó Manuela, ignorante de lo que Paola quería expresar.

—Tanto como compañero... yo no diría eso —murmuró Tori.

Al ver que ninguna de las dos mujeres estaba por la labor y no pensando demasiado lo que Tori había dicho, por atolondrada, como siempre, se puso de pie y caminó hasta él.

Mirco enderezó la espalda y enarcó las cejas. La *loca* linda caminaba hacia él.

Iba derechita hacia él.

Toda esa energía que desprendía le parecía fantástica y contagiosa. Lástima que de su boca salían culebras destinadas a envenenarlo.

«¡Qué bonita es!», pensó una vez más.

—Hola —dijo al tenerla cerca.

Era del todo imprevisto que ella fuese quien se detuviese frente a él para lo que sea que quisiera decirle.

—Hay un lugar libre en mi mesa —murmuró Malu. Sus palabras salieron casi, casi como un ladrido.

—Veo, sí, aunque no puedo sentarme con ustedes. No

creo que tus amigas se sientan cómodas en mi presencia.

Mirco no conocía demasiado a las chicas del archivo, porque no las trataba mucho. Sabía que en su hora de descanso, los empleados no querían lidiar con los dueños o jefes, que preferían desconectar y hablar de sus cosas e intimidades incluso.

No pintaba nada ahí. No quería incomodarlas.

Otra vez, la chica que le refutaba todo sin que él entendiese el motivo, lo miraba de esa forma particular. Supo al instante que le diría algunas de esas barbaridades sin sentido que siempre le decía.

No alcanzó a contar hasta tres, que ella soltó la lengua y escupió su ponzoña.

—¡¿Y quién te crees que eres?! Solo vengo a hacerte un favor y sales con tu pedantería barata. Eres despreciable. No pones nerviosa a ninguna mujer con tu aspecto de chulito de escaparate.

«A ti, sí», dijo su fastidiosa vocecita interna.

«¡Cállate!».

Manuela sacudió la cabeza para dejar de lado la discusión mental, inútil e inoportuna.

Mirco sonrió ante los insultos recibidos.

Después de todo, le parecía divertida y hasta le cerraría el pico con un beso. Si él no fuese quién era, si no estuviesen donde estaban y si no pensara que ella lo despreciaba tanto como para ligar un buen golpe luego y una denuncia como resultado, lo haría.

—Tampoco me quieres ahí, pequeña camorrera. No mientas. ¿O quieres que se te atragante la comida? —indagó, solo por molestarla y ver como zapateaba furiosa, observándolo con sus ojos grises encendidos.

¡Tenía los ojos grises!

Mirco nunca había visto unos así.

—Eres… eres… —balbuceó ella.

—Has agotado todos los insultos. Te voy a ayudar a encontrar más, no te preocupes. Oye, espero que no me claves un cuchillo por la espalda cuando me gire. ¿Haces brujerías? Ojo con eso, que pueden salir mal. Espero que no seas una brujita.

Mirco le guiñó un ojo, solo para fastidiarla un poco más, y la dejó gruñendo sola.

«¡Qué amor!, me dijo brujita, no bruja», recordó Malu, mientras le daba un amplio repaso a todo lo que abarcaba esa maravillosa retaguardia.

—¿Eres tonta? Fue un insulto cobarde —se reprendió de camino a la mesa en la que la esperaba su comida.

9

Cita a ciegas

—Estás muy loco o muy desesperado —susurró Mirco para sí mismo, y huyó sin ser visto.

Pocas veces madrugaba de más y lo había hecho por la mujer que le ponía los pelos de punta y lo hacía trasnochar pensándola, o despertar a la madrugada soñándola de una manera que no podría contarle.

Quería cumplir sus fantasías y no solo las sexuales. Imaginaba que ella besaba con suavidad, estaba seguro de que así sería. Olía a flores, eso creía recordar y deseaba confirmarlo.

Tenía que lograr esa cita sí o sí. Ya se había encaprichado con la idea. Preparó un plan tan descabellado como, suponía, serían los pensamientos de Manuela.

«En tu puta vida has hecho un pícnic», pensó, y sonrió con toda la cara, arrugas en los ojos incluidas. Ya estaba a salvo y dentro de su oficina.

Ella lo sacaba de su zona de confort y lo desafiaba hasta con la mirada. Lo fascinaba todo lo que esa jovencita le producía. Se quería dejar llevar por toda esa bonita locura.

Alucinaba con la novedad de la imprevista ilusión. No perdería la oportunidad de intentarlo.

Malu entró a la oficina del archivo risueña, como casi siempre. Ni bien atravesó la puerta, Tori, la más extrovertida y fantasiosa, le tomó el brazo y la guio con rapidez hasta su mesa de trabajo.

—Mira —dijo.

—¿Qué es esto? —quiso saber enseguida.

Tomó el sobre gris plata que descansaba en el teclado del ordenador y leyó su nombre. Lo abrió con curiosidad, mientras miraba a Tori y Paola de manera alternativa.

—¿Qué dice? —preguntó esta última.

—Es una invitación a una cita a ciegas —respondió. Sus ojos brillaban como nunca. La idea le parecía romántica y…—. Es peligroso. No voy a ir.

—Pero si es en el parque y a pleno día —aclaró Paola, después de haberle robado la tarjeta para leerla.

—Además, es alguien de la empresa. No corres peligro —aseguró Tori.

Ella iría si estuviese en su lugar.

—No sé. Lo voy a pensar un poco. Tengo un día completo para analizar pros y contras.

—Malu… —comenzó a decir una de las compañeras.

—No quiero hablar más del tema. Necesito ser razonable y sus cabecitas fantasiosas no me dejarán serlo —aclaró, alzando una mano para silenciarlas.

—¿*Nuestras* cabecitas fantasiosas?

Manuela no habló más con sus amigas, pero sí lo hizo con su cuñada. Ella la animó a vivir la aventura.

Desestimaron juntas los posibles peligros inventados como excusas y tomaron precauciones para los que sí podían serlo.

Y allí se encontraba, caminando despacio, rumbo al punto de encuentro.

Mirco levantó la mirada y la vio avanzar lentamente. Agradeció que lo hiciera, así podía admirarla sin que ella se percatase de nada. Se había acostumbrado a verle las piernas, pero nunca había expuesto tanta piel como ese día.

Cerró los ojos un instante cuando notó las peligrosas ganas que tenía de acariciarle la piel desde el tobillo hasta la cintura, tomarle el trasero con ambas manos y enseñarle a sentarse a horcajadas sobre él.

Debía serenarse para no asustarla.

Manuela se había puesto un pantalón corto blanco y una camiseta del mismo color, arriba llevaba una camisa vaquera desprendida. Un par de deportivas coloridas finalizaban el atuendo que había elegido. Además del bolso con lo que el desconocido le había solicitado. Giró sobre sus talones, en el sitio indicado, intentando encontrar a su cita.

Seguro que estaba mirándola.

Él la conocía, tenía esa ventaja.

—Hola —saludó Mirco, acercándose un poco por detrás.

Había tendido la manta bajo un frondoso árbol, un poco más allá.

—No, no, no, no. Yo me voy —murmuró Malu nerviosa.

Sabía que dejarse convencer por un «machito alfa», como ella se había persuadido de que era Mirco, no tendría un buen final. Por más belleza masculina que pudiese tener ese espécimen, ella no caería.

Quería enamorarse, conocer a un chico bueno, mantener una relación sana y casarse, algún día, o no, eso lo verían más adelante.

Primero, claro, debía dejar que un clavo sacara a *ese* otro ya oxidado que todavía tenía metido ahí, en el medio de su corazón. Pero no quería cualquier clavo.

El rubio parecido a un adonis de novela, no era el idóneo.

—Gracias, pero… —comenzó a excusarse.

—No te vayas, por favor —rogó Mirco, tomándola del brazo—. Por favor. Empecemos de nuevo.

Manuela miró esos ojitos celestes que parecían más claros al sol y se dejó observar por ellos.

Ambos estaban calculando las consecuencias de pasar esa tarde juntos.

«Qué bueno que está», se dijo en silencio.

«No le mires la boca», agregó.

—¿Qué tiene mi boca que la observas tanto? —preguntó Mirco.

Malu no había podido cumplir. Esos labios preciosos eran una tentación muy grande.

—Parece que lo mismo que la mía —se defendió, o eso pretendía.

—La tuya tiene mucho brillo —señaló él.

—¡Ah! No, la tuya no —aclaró ella.

Ninguno podía dejar de observarse.

Tampoco querían.

Malu suspiró con resignación.

Mirco supo que ese había sido el instante en el que ella decidió quedarse.

—En fin… Traje algo de comida. Tú te hacías cargo de la diversión, ¿cierto? Bien, doy por hecho que cumpliste tu parte. Ven, tengo preparada la manta aquí. Como no sabía qué te gustaba…

«Traje un poco de todo», recitó ella en su mente,

porque era típico de los machos alfa en las novelas que leía.

Mientras elucubraba tonterías, escuchaba esas palabras de la boca bonita y tentadora de su *enemie to lover*.

Para ponerle un poco de drama, era ideal para ella llamarlo así a partir de ese momento. Estaba practicando para cuando se lo contase a las chicas.

—Hay fruta, jamón, quesos, algo de comida *chatarra*, ensalada, vino y unos chocolates. Estas bolitas de vegetales son caseras —seguía diciendo Mirco—. Seguro que algo te gustará.

—Todo se ve rico —murmuró Malu y por fin, sonrió.

Ella tomó asiento sobre la manta rayada y él ensanchó el pecho, aliviado. Ya podía respirar tranquilo. La tenía ahí, cerca, y estaban solos.

—No tomo vino, no me gusta. Pero tengo agua, nunca salgo sin ella —le contó Manuela, mostrando su botellita fría.

—Es una costumbre muy saludable —aseguró él.

—Sí. Siempre llevo mi jarrita térmica con agua fresca, un libro, este llavero de defensa personal y supervivencia, un *spray* de pimienta, las llaves y el móvil.

—Un libro. Interesante. ¿Qué lees? —preguntó con curiosidad.

Prefirió no acotar nada sobre el resto de los artilugios, no obstante, supo que si se portaba mal estaría en peligro.

—Novelas románticas —respondió ella, orgullosa.

—Este tiene pinta de ser un poco pornográfico, además de romántico —bromeó Mirco, revisando el libro que había puesto sobre el césped y tenía una portada bastante sensual.

—Y ahí vamos... El erotismo no es pornografía. Pornografía es lo que miras a la noche mientras te masturbas —sentenció Malu, comenzando a molestarse por tener que defender el género romántico de ignorantes en el tema.

—¿Cómo sabes eso? Me estás espiando. ¿Has puesto cámaras en mi dormitorio? —bromeó Mirco. No pretendía molestarla.

«Ya quisiera. Deja que analice la forma de hacerlo y me pongo en ello», pensó con picardía al verle los brazos musculosos, que le daban idea de cómo sería el resto del cuerpo.

Sonrió al imaginarlo mirando porno y llevándose la mano hacia su...

—¿Quisiera saber qué te causa gracia? —indagó Mirco, interrumpiendo los pensamientos de la chica sin saberlo y sin poder quitar la vista de la boca femenina.

—Tu broma —mintió Manuela sin pensar mucho la respuesta.

—Claro —dijo él, sin creerse la excusa—. Comamos algo mientras me muestras qué juegos has traído para entretenernos.

—Tampoco sabía qué podría gustarte, por eso traje cartas, dados y este que tiene reglas fáciles.

A partir de ese instante, todo fluyó con sencillez. Malu se

distrajo y poco a poco fue cambiando sus pensamientos hacia la persona que tenía delante por algunos más positivos.

Una vez que terminaron de comer y guardaron todo, Mirco pensó que era hora de sincerarse. Mientras más se demoraba en presentarse, más complicada se ponía su situación.

Había ganado varios puntos con la bonita tarde compartida y no quería perderlos por cobardía.

—Voy a buscarte más agua allí, a ese puesto de bebidas, y paso por los aseos —anunció Mirco.

—Te espero aquí. Gracias por el agua.

10

Un sueño cochino

Malu lo vio caminar, alejándose de ella. Negó con la cabeza culpándose por ser tan débil. Le envió un mensaje a su cuñada, donde le aseguraba que todo estaba bien, y volvió a mirar el trasero de Mirco. Llevaba un pantalón claro de tela fina y una camisa suelta de mangas cortas. De las pocas veces que se cruzó con él, nunca lo había visto sin camisa cerrada y corbata.

La informalidad le quedaba bien.

—Todo le queda bien, si no tiene defectos —cuchicheó para sí misma.

¿Por qué tenía que gustarle tanto ese hombre?

Jamás había querido sentirse atraída por alguien como él. Como lo que ella imaginaba que era él.

Todavía ni sabía en qué área de la empresa trabajaba. Decidió que dejaría de dar vueltas y lo sometería a un cuestionario para conocerlo mejor. Si no le gustaba, cada uno a su casa y listo.

Se recostó con las manos en la nuca y los tobillos cruzados. Cerró los ojos, sonrió recordando cada gesto de ese maravilloso rostro y con los segundos, se fue quedando dormida.

No disfrutaba de un sueño profundo sino de una duermevela mágica donde el rubio de ojos claros y boca tentadora la miraba con intensidad mientras se acercaba a ella para besarla. Lo hacía con una destreza increíble, porque nadie sueña que su *crush* besa mal.

Podía imaginar los labios tibios y húmedos rodeando los suyos. Sentía el contacto como si fuese real.

Inventó un aroma varonil y perfumó el sueño con él.

Bajó una mano para posicionarla en su vientre, porque ahí la había puesto él en su fantasía, y luego bajaba, bajaba con mucha habilidad y un toque de decisión. Ella no se permitió tal movimiento.

Los besos ya estaban mojando su cuello, justo donde se sentían los golpes de su acelerado corazón.

Gimió al sentir los tibios dedos recorriéndole la piel de la pierna. Parecían roces de plumas ascendiendo desde su tobillo. Los separó y volvió a sollozar, imaginando más caricias.

Fue entonces que abrió los ojos asustada, sabía que

había gemido de verdad, haciendo ruido. Estaba segura de haberse escuchado. Otra vez, como aquella en el elevador.

Mirco se sobresaltó al advertir que se incorporaba con rapidez y se alejó un poco, solo por instinto.

—Hey, te quedaste dormida —dijo para tranquilizarla.

Había vuelto y al verla dormida, no quiso molestarla. Se dedicó a admirarla en silencio.

Manuela lo miró con los ojos muy abiertos y cara de pánico. Tenía el corazón sonando fuerte en sus oídos, las piernas un poco abiertas y las ganas incrustadas en el vientre.

—¿Me estabas tocando las piernas? —le preguntó.

—No. Bueno, ganas no me faltaban, pero no. No te estaba tocando, solo observando —respondió él con sinceridad.

—Ah —murmuró ella, y bajó la vista. No quería sentirse avergonzada, ni excitada por mirarlo tan de cerca—. ¿Yo hice…? Nada, olvídalo.

Se silenció, arrepentida al momento por lo que casi se atreve a preguntar.

«Te pasas, Manuela, ¡te pasas! ¿Ibas a preguntarle si gemiste? Tienes el cerebro frito, querida».

Negó con la cabeza, en silencio. No podía contradecir sus pensamientos. Ese hombre le tenía el cerebro frito, sí, y lo que no era cerebro, también.

—¿Has dicho que me estabas observando? ¿Eres un

depravado? —atacó, al darse cuenta lo que él había mencionado antes.

Arrinconada como estaba por sus pensamientos, depravados, sí, esos sí lo eran, arremetió contra él a modo de defensa.

—No diría eso. Creo que te fuiste del blanco al negro sin escalas. Te observaba porque me pareces bonita y dudaba si despertarte o admirarte un rato más —explicó Mirco.

—Ah. —No supo qué responder. No se le ocurría ni una idea para decir ante tal alegato.

—¿Solo eso? No me reprendes o das pelea por decirte que me pareces linda. Es un avance —bromeó el muchacho.

Malu negó con la cabeza.

Todavía tenía las reminiscencias del sueño cochino en su cuerpo y él la miraba así... le decía palabras lindas, se acercaba, la miraba más, le sonreía...

«No le mires la boca».

—Tarde —susurró, y cerró los ojos.

—Voy a besarte —avisó Mirco.

—Lo adiviné —dijo ella.

Mirco sonrió al verla ansiosa por la espera y ralentizó el avance. Respiró cuando la tuvo a un centímetro de distancia y le observó el rostro completo.

Estaban sentados muy cerca.

No aguantó más y le puso una mano en la nuca,

atrayéndola hacia sus labios. Le atrapó el superior entre los dientes. Casi gruñe de placer.

Repitió la acción con el labio inferior y otra vez volvió al de arriba, hasta que eso le supo a poco y los rozó con su lengua.

Malu se estremeció de pies a cabeza al sentir esa tibia humedad abriéndose paso en su boca y se lo permitió. Lo abrazó por el hombro y perdió el equilibrio, cayendo hacia atrás.

Mirco aprovechó el momento y se fue recostando despacio sobre ella, ganando terreno con cautela. No había desconectado su cerebro aún. Con ella, no podía hacerlo. Debía estar al pendiente de lo que pudiese salir mal. O de un arranque de esos a los que se estaba acostumbrando, que eran intempestivos y poco sensatos, aunque divertidos.

Tenerla así de apretada contra su cuerpo y respirando aceleradamente mientras lo abrazaba, era más de lo que había esperado de esa cita rara. No había sido nada pretencioso al idearla, por el contrario, solo quería decirle su nombre y sincerarse.

—Qué bien besas —susurró Manuela.

—Gracias —dijo en respuesta, alejándose y mirándola sin pestañear—. Tú no lo haces nada mal tampoco. Imaginé que serías dulce, y no me equivoqué.

—Yo no imaginé nada —señaló ella.

«Mentirosa», se contradijo en silencio.

No le daría municiones al *enemie* para que usase en su contra. Todavía no confiaba en él. No obstante, el beso estaba quitándole un poco las dudas, mejor dicho, la razón.

—Tienes los ojos grises. Nunca vi ojos así. Son hermosos.

—En mis libros, los tienen muchos protagonistas masculinos —explicó soñadora.

—No lo sabía —aseguró él, sin alejarse.

—Ahora lo sabes.

—Ahora lo sé —repitió Mirco, y le dio un beso casto, con sabor a poco, pero no quería desaprovechar el impulso—. Malu, hace días que quiero decirte algo y no me dejas.

—¿Yo?

—Sí, tú —respondió él, y apartó el rostro para no caer en la tentación de besarla otra vez.

Primero, lo primero.

Ya habría tiempo para comerle la boca luego.

—Soy el Miller que no conoces. Soy Mirco Miller —se presentó por fin.

—¡Quítate de encima! Ya decía yo que no podía confiar en ti. Mira que mi instinto me lo gritaba y yo me tapé los oídos para no escucharlo —sentenció Manuela mientras recogía sus cosas y las metía en el bolso—. ¡A la mierda con tus besos! Eres un gran mentiroso.

—No, no lo soy. Tú eras quien… —balbuceó él, pero fue interrumpido, como siempre.

—¿Yo? Claro que sí. La culpa es toda mía. Machitos como tú son perfectos, ¿cierto? Todo lo hacen bien, ¿no?

—Bueno, no todo, no. Es evidente que contigo nada me sale bien. ¡Y no sé a qué te refieres con machitos como yo! —exclamó.

Las últimas palabras casi fueron gritadas. Malu había salido corriendo, alejándose de él, y otra vez lo dejaba en ascuas. Sin comprender nada de los últimos minutos.

—¿Qué demonios le pasa a esta chica conmigo? Y tú, bájate, que la fiesta acabó —indicó a su entrepierna, que parecía contenta y agradecida por el maravilloso roce que había acompañado al beso—. ¡Qué buen beso!

¿El elegido o el guaperas?

Malu volvió a espiar por la esquina más lejana al ascensor y dejó escapar el aire.

No quería encontrárselo.

Mirco miró su reloj por última vez y se resignó. Iba retrasado ya.

No podía seguir esperándola.

—Llegas tarde. Tu padre está hecho una furia —anunció Daniela.

—Lo imagino —murmuró rendido.

—No te preocupes, falta gente aún.

Tomó un par de papeles que necesitaba para la reunión en la que lo esperaban y sonrió a su secretaria, quien le deseaba suerte con los dedos cruzados.

Esa mañana, Mirco propondría un negocio que, si daba resultado, solucionaría algún que otro problema a la compañía. Estaban bastante atrasados con algunas obras y los contratistas no cumplían. Los pactos firmados que tenían los amparaban a ellos y dejaban en desventaja a Miller y Asociados. Esos contratos eran obsoletos. Se habían firmado hacía varios años ya, cuando él todavía no trabajaba allí. Por entonces, trabajaba en un estudio jurídico, lejos de las miradas acusatorias de su padre.

Si no fuese por Oliver, todavía estaría allí.

Manuela entró agitada a la oficina y tomó asiento en su silla, golpeando la frente en la madera de su mesa de trabajo y allí se quedó apoyada, cubriéndose con las manos.

—No salió bien, ¿no? —preguntó Paola.

Malu negó con la cabeza, en silencio.

—¿Recuerdan el rubio de cabello largo que invité a nuestra mesa el día de la lluvia porque no había más lugar?

—¿Miller?

—El mismo. Siempre supieron que ese hombre era Mirco Miller, ¿cierto? —indagó, desde su cueva improvisada.

Se le caía la cara de vergüenza.

¿¡Cómo era posible que no supiera que ese hombre era

él, el Miller que le faltaba conocer!? No tenía perdón ni excusa.

«¡Y lo besaste!», la reprendió su vocecita.

«Y lo besé», reconoció culpable solo para sí misma.

De nada servía negar lo que había pasado.

—Por supuesto que sabíamos. No es un secreto.

—Imagino que no. Bueno, también era mi cita —anunció.

—¡¿Qué?! —exclamó Tori acercando la silla para no perderse detalle, como de costumbre.

—Lo era y yo no tenía ni idea de que ese hombre era el Miller que me faltaba. Estaba dándole una guerra sin cuartel cada vez que lo veía porque me parecía un chulito de primera, un guaperas insoportable, un machito alfa y…

—Tranquila. El señor Mirco es muy agradable. Si te invitó a salir es porque no le importa todo eso.

—Se aprovechó de mi vulnerabilidad y me besó —murmuró.

«Un Óscar para la actriz», dijo su yo razonable.

—¿Perdona? —Lo de besarla, para Paola, ya eran palabras mayores.

También se acercó para no perderse los detalles.

—No es cierto. Es un mal resumen de lo que pasó. Ya saben que exagero y me gusta hacerlo. La verdad es que lo pasamos bien y sobre el final de la tarde, me besó. Mejor dicho, nos besamos. Para entonces, yo no tenía ni idea de a quién besaba, creí que sería un empleado más.

—No te lo puedo creer. ¡Qué emocionante!

—No, Tori, no fue emocionante. Me sentí tonta. Él podría haberme dicho su nombre en más de una oportunidad y prefirió hacerlo cuando me tenía atrapada. Estaba sobre mí, aplastándome, y no tenía posibilidad de huir.

—¿Otra vez exageras? Dime que sí porque si no, sería abuso. —Malu elevó los hombros, y afirmó—. Me dejas más tranquila. De todas formas, creo que sería apropiado detallar eso de que estabas debajo de él.

—Detallar es la palabra clave —asistió Tori.

Malu les contó todo con lujo de detalles. No escatimó en ellos, porque si algo tenían ambas mujeres era el gusto por el cotilleo. Aunque, debía reconocer que eran discretas y no andaban ventilando intimidades por ahí.

Tenían una frase muy particular, emulando a otra más conocida: «Lo que pasa aquí, en el archivo, se queda aquí, en el archivo».

—Qué intenso —susurró Paola, y Tori afirmó con la cabeza.

—No sé qué hacer. No quiero encontrármelo por ahí y ya saben cómo es esto: si no quiero, sucederá.

La conversación fue interrumpida por una llamada de Carla. Necesitaba unos papeles con urgencia y la encargada de llevarlos era Malu.

No le vendría mal un paseo para distraerse. Si se encontraba al *enemie,* aunque ese apelativo ya no le parecía

96

que le quedaba, correría sin mirar hacia atrás.

Malu no sabía qué cliché, de todos los que conocía, le pegaban en ese momento. Siempre asociaba uno u otro, pero se sentía desconcertada con todo lo ocurrido.

Buscó los papeles entre los tantísimos encajonados y apilados en las estanterías, y se dirigió hacia la oficina de Carla.

Llegó sin contratiempos.

Había espiado en cada esquina, no podía negarlo. Parecía que el *pequeño* Miller no estaba en el edificio y lo agradecía. No había decidido cómo sentirse al respecto de todo lo que había pasado.

Lo único que tenía claro era de la vergüenza que le ponía la cara roja y las mejillas calientes al recordar el beso, el sueño y su ignorancia al no saber que ese individuo, que sabía besar como los dioses, era uno de sus jefes.

Ahogó un suspiro al ver a Carla y sacudió sus elucubraciones.

—Aquí están los documentos que pidió Oliver Miller —dijo Manuela, dándoselos a la chica.

—Gracias por la rapidez. Espérame que se los entrego.

Pocos minutos después, estaba de vuelta. Cruzaron un par de frases y Malu recibió la invitación para ir con un grupo de empleados a bailar.

Tenía muchas ganas de conocer gente e ir de fiesta. Hacía mucho que no lo hacía, por eso, dijo que sí, no lo dudó.

Antes de abandonar el piso de los jefazos, como le decían sus amigas, creyó necesario hablar con Daniela sobre Mirco. Tenía varias preguntas y ninguna respuesta. Tampoco sabía lo que haría con ellas de todas maneras.

Su cabeza era un hervidero de ideas sin fundamentos y dudas sin aclarar.

—Hola, Malu, ¿qué haces por aquí? —fue el saludo de la secretaria.

—Tu jefe, el guaperas.

—¿Mirco?

—El mismo. Es… Déjame preguntarlo de otra manera. Eres lectora, ¿cierto?

—Sí, no tanto como tú o Tori, pero sí.

—¿Entonces sabes lo que es un cliché?

—Sí, claro.

—Si tuvieses que definir a tu jefe como uno, ¿cuál sería? ¿Qué tipo de personaje típico sería?

—Mira las preguntas que haces, Malu. Me gusta la fantasía más que lo que tú lees. Tomando como base el detalle, diría que Mirco Miller es «El elegido», porque es servicial, buen compañero, empático, generoso, resuelve dudas y ayuda a resolver las de los demás. Siempre está para quien lo necesite y sabe hacer de todo.

—«El elegido» —repitió Malu, en voz baja.

No lo había pensado ni creído así.

—¿Te sirve mi respuesta? —quiso saber Daniela.

—No tengo ni idea. Acabas de romper mis conjeturas,

predicciones, inclinaciones, experiencias con él… todo —dijo Malu.

—¿Para qué quieres saberlo?

—Para una amiga —respondió, intentando disimular—. Te dejo trabajar. Yo tengo cosas que hacer.

Caminó pocos metros y escuchó la voz de Miller padre. No estaba hablando en susurros y ella pasaba por ahí. No era chismosear si prestaba atención.

—Mirco es así de volátil. Un día tiene una buena idea y al otro, huye. No quiero que actúe en la empresa como lo hace con las mujeres, Oli.

—Deja de decir que es un mujeriego. Ese compromiso no iba a ningún lado y te lo explicó, papá.

—No es solo el compromiso. Es todo. Esa forma suya de andar despreocupado por la vida, con esos pelos… No sienta la cabeza, va de falda en falda.

—Especulas y prejuzgas. Habla con él —sentenció Oliver.

—No quiere tener una conversación seria conmigo. Ya lo conoces —señaló el hombre.

—Me pregunto por qué será, papá. Mirco y yo tenemos infinidad de conversaciones serias y nunca se niega a mantenerlas conmigo.

El pitido que anunciaba la llegada del elevador sonó y Manuela se sobresaltó. Entró de inmediato para encerrarse y protegerse de la información recibida.

Todas las frases daban vueltas en su cabeza, sin

control, sin filtro, sin contexto.

—¿Eres El elegido o un mujeriego, *enemie*? No me gustan los chicos malos, Mirco Miller, pero me gustas tú.

«Y ahora, ¿qué hacemos?», se preguntó en silencio.

«Seguir evitándolo», pensó justo cuando el ascensor abría su puerta, un piso antes del suyo.

«Entonces, practica», señaló la voz que siempre hacía maldades en su interior, nada más toparse con la presencia y mirada de su nuevo *crush*.

—Hola, Malu. Estuve buscándote por todo el edificio. Tenemos que hablar —aseguró Mirco.

—No hace falta. Estamos bien así. Tú allí y yo, aquí, bien lejos.

—Nada cambia lo que sucedió. Me llame como me llame —explicó.

—No entiendes nada. Eres el jefe. Olvida ese día. Todo lo que hablamos y sucedió en el parque, olvídalo —exigió Manuela.

Huyó escuchando la voz de Mirco llamándola. Corrió hasta su zona de trabajo como si fuese una escena de esas que ella adoraba leer porque se le estrujaban las entrañas y se le llenaban los ojos de lágrimas.

—Esto no es uno de tus libros —se reprendió antes de volver a concentrarse en sus tareas.

Celos en la disco

Oliver volvió a resoplar. Mirco sonrió y le dio una palmada en la espalda.

—Repíteme cómo fue que llegué hasta aquí —rogó el mayor de los hermanos, elevando la voz para hacerse oír.

—Porque quieres divertirte y no lo sabes, además, te obligué a venir —explicó Mirco, y apoyó los codos en la madera de la barra de la disco en la que pasaban el rato.

Fueron con el grupo de empleados de la empresa con quienes solían salir, aunque se había apartado un rato para conversar sobre su padre.

Con el tema agotado, tomaban un par de cervezas antes de volver al grupo.

Más allá, en la pista de baile, Manuela lo daba todo. Se contoneaba al son de la música sin importarle nada más que seguir el ritmo y divertirse con sus nuevas amigas.

Mirco no le quitaba los ojos de encima. Había quedado sin aliento al verla con ese minivestido negro y los benditos tacones rojos. Se había maquillado para encantar y con él, lo estaba consiguiendo. El cabello atado en una coleta le dejaba al descubierto el cuello y el rostro para que pudiese admirarlo sin que nada lo impidiese.

En eso andaba.

Quería acercarse, rozar sus cuerpos y volver a besarla. No podía pensar en nada más. Pero estaba hecho un cobarde, y no quería estropearle la diversión a nadie, menos a ella. Lo que pasaría seguro, si tomaba en cuenta el último encuentro en la empresa.

—¿Estás aquí? —bromeó Oliver.

—Es lamentable, sí. Quisiera estar allí —dijo, señalando a Malu con un movimiento de la cabeza.

—¿Qué te lo impide? —quiso saber el mayor de los dos.

—Ella misma. Está un poco chiflada, vive en un mundo de fantasías que no comprendo y me marcó como su demonio personal. Todavía no entiendo los motivos de su reticencia para conmigo. Creí que habíamos avanzado, pero la mejoría duró unos pocos minutos —le explicó.

—¿Te gusta?

—Mucho, Oli. Me encanta.

—Entonces, Loretta ¿es capítulo cerrado? —indagó Oliver, observándolo a los ojos para descubrir si quería engañarlo.

—Hace meses que ese capítulo está cerrado para mí. Te lo dije en su momento —respondió Mirco.

—Sigo sin entender por qué, queriéndola como lo hacías, rompiste el compromiso.

Y era lógico que tuviese dudas, no se había explicado con nadie más que con la mujer que abandonaba para no volver a verla más como su pareja. Podrían ser amigos, eventualmente, no le importaría.

Mirco tomó varios tragos de su cerveza y dio la espalda a la pista. No quería distraerse con las vistas.

No había sido del todo sincero con su familia al respecto de su compromiso con Loretta, su exnovia. La había amado como a ninguna otra, eso sí lo sabían todos, y por tal motivo, nadie entendía, aún después de casi un año, por qué se habían separado de la noche a la mañana.

—Yo amaba a Lore, estaba perdido por ella. Hacía todo lo que quería y pedía, todo. Hasta que un día comencé a entender que ella buscaba en mí algo que no era: «Ponte esta ropa, compra en esta marca, cambia el coche por este otro, déjate la barba, no hables así, ese amigo tuyo no me gusta, no hagas ese gesto, no vayas tanto al gimnasio que los músculos no son elegantes...». Me aburrí de ser su marioneta y comprendí que ella amaba a una persona que yo no era. Lo intenté, pero entonces comenzaron las discusiones y... corté por lo sano. No seríamos felices juntos.

—Al menos, te has dado cuenta antes, no como yo que,

además de años de infelicidad, tuve dos hijos que hoy tienen a sus padres separados.

Oliver todavía pensaba que uno se casaba para siempre. Haber fracasado en su matrimonio había sido un golpe duro del que todavía no se reponía y no era por amor a su ex.

Mirco volvió a girarse, después de varios minutos de silencio y sonrió al ver a Manuela moverse con sensualidad y una destreza que no lo sorprendió para nada.

—Esa chica me va a hacer subir la temperatura —murmuró, y su hermano lo confirmó al observarla bailar.

Tori giró una vez más para confirmar lo que veía desde hacía larguísimos minutos.

Ahí estaba otra vez.

—Malu, ¡te mira! —gritó al oído de su compañera, para hacerse escuchar sobre la música.

—¿Quién? —quiso saber la nombrada.

—No te mira con curiosidad, te come con los ojos, amiga.

—¿Quién? No te hagas la intrigante, ¡por Dios! No permitas que me pierda la posibilidad de conocer a mi futuro marido —bromeó Malu.

Tori señaló a los hermanos con un ademán y Manuela negó con la cabeza.

—¿Miller? Imposible —dijo con énfasis, y le dio la espalda. Antes de que pasara un segundo volvió a observarlo—. ¿Estás segura?

—Sí, estoy segura. ¿Te imaginas que haga esa típica escena de celos? Supón esto: camina furioso hasta aquí, te carga sobre el hombro para salir de la disco, te lleva a su apartamento y tienen sexo desenfrenado. ¿Te gustaría?

Algo compartían Tori y Malu: su pasión por las novelas románticas, aunque la otra era más del género erótico y del *dark romance*. Tenía en su haber miles de libros leídos de cualquier género que tuviesen en su trama un poco de amor tóxico y sexo.

—No puedo imaginarlo. ¡Qué vergüenza pasaría! Se me vería el culo, Tori, y hoy me traje un tanga minúsculo.

Ambas rieron a carcajadas y dos muchachos desconocidos se les insinuaron. Ellas aprovecharon para darle un poco de ritmo al asunto y aceptaron bailar. En uno de los tantos giros que Manuela dio, mientras se balanceaba hacia arriba y abajo, divisó un movimiento cerca de sus jefes y quiso saber lo que sucedía. Por eso, aguzó la vista.

—¡Ay, madre! —exclamó, al verlo acercarse. Caminaba decidido. Así como lo describían en las novelas—. Dime si tiene una erección.

—¿¡Qué!? Estás loca. No voy a mirarle… mirar… eso… No voy a espiarle lo de ahí abajo a uno de mis jefes, Malu —murmuró Tori, pero estaba igual de nerviosa que ella.

Tenían la misma fantasía en mente en ese instante.

—Solo queremos saber si se cumple el mito, o cliché, llámalo como quieras, Tori. Igual, ya es tarde, perdimos el tiempo en una discusión innecesaria —sentenció Malu.

—Señoritas —dijo Mirco, a modo de saludo.

Había aceptado bailar un rato con Daniela, pero ella se había rezagado saludando a alguien y por eso, había llegado antes a su destino.

Manuela le clavó la mirada y él quedó prendado de ella. No podía bajar los párpados y seguir caminando. Esos ojazos preciosos, como todo en ella, le encantaban de tal forma que le era imposible ignorarlos.

De pronto, la chica frunció el entrecejo y apretó los labios.

Mirco se preparó para cualquier cosa. Nunca sabía a qué atenerse con ella. Hizo un gesto de sorpresa y se alejó un poco al ver que ella elevaba un dedo amenazador y lo encaraba, acercándose.

—¡Ni se te ocurra! Estás avisado —le aclaró ella, con la voz firme.

—¿Que no se me ocurra qué? —indagó un poco preocupado, porque no entendía qué podía estar tramando la chica.

—Hacer la escenita esa —explicó ella, gesticulando con las manos.

—¿Qué escenita? Y ¿por qué te haría una?

El rostro de Mirco era un poema.

Ella nunca dejaba de sorprenderlo.

—Solo te aviso que no me gusta —agregó Malu.

—¿Qué pasa? —quiso saber Daniela, y se arrimó a su jefe, bailando.

—Nada. Cosas nuestras —aclaró Manuela, y se separó de ambos.

Su furia era clara, se reflejaba en los movimientos y gestos duros de su bonito rostro.

Mirco se quedó como siempre, confundido y mudo.

La vio volver a bailar como si nada y negó con la cabeza.

Lo estaba volviendo loco, para bien y para mal. Cuanto más lo combatía, más le atraía. No tenía ni idea de qué escenita hablaba ella, pero él se imaginaba llevándosela de ahí en brazos para encerrarla en su casa y no dejarla salir hasta que pudiesen entenderse de una vez. Y volver a besarla, por horas si fuese posible.

Yo vomito, él me toma del pelo...

El tópico ese

Después de haberse cruzado con Mirco en la pista de baile, Malu comenzó a tontear con algún que otro chico.

No era su intención ponerlo celoso ni mucho menos, lo que pretendía era quitarse las ganas del cuerpo, porque lo único que deseaba era acercarse a él, bailar pegándose a su anatomía, tentarlo para que le envolviese la cintura con un brazo y seguir el ritmo de la música acoplados.

También, ponerlo celoso. Para qué negarlo.

Le hubiese gustado tener el valor, y a alguien predispuesto, de inventarse una relación falsa. Lo había pensado, aunque tampoco le gustaban mucho los libros con esa trama y sabía que se le notaría. No podía mantener las mentiras a raya, siempre metía la pata. Además, necesitaba mucha producción y ella era más bien… atolondrada, sí. Buscar otra palabra sería en vano. Esa pegaba a la perfección.

Verlo moverse como lo hacía en la pista, bailando, la ponía taquicárdica. Era sexi, guapo, divertido, y esa sonrisa descarada… Bufó, contrariada por el hilo de sus pensamientos, y tragó de golpe el chupito que había pedido.

—Uno más y dejas de tomar —murmuró Paola.

Malu la miró sonriente y luego se permitió volver a observar a Mirco. El calor le había humedecido el largo cabello y se lo llevaba hacia atrás con una mano, con un movimiento que a ella se le antojaba sensual y masculino. Divisó a una chica haciéndole un repaso de arriba abajo y ya no pudo más.

«Esa *lagarta* se lo lleva a la cama», pensó, y bebió un chupito más.

Su vocecita interna también estaba perjudicada. No siempre era la mejor consejera y en ese estado, mucho menos.

Daniela se le acercó, divertida, y bailaron juntas un rato. Eso la distrajo hasta que escuchó que la llamaba por su nombre y se ponía seria:

—¿Estabas discutiendo con mi jefe hace un rato? —le preguntó.

—No. Más bien, ponía los puntos sobre las íes —respondió.

Daniela la miró sin entender y adivinó que Manuela andaba perdida por Mirco Miller. Era intuición femenina, de esa que no requiere explicación y nunca falla.

—Te gusta, ¿no? —quiso saber.

—No. Es guapísimo, sí, pero no. ¡No! —aseveró con más énfasis al final, y miró a su amiga, que no dejaba de observarla con intriga, como si pudiese sacarle mentira por verdad solo por hacerlo de esa manera intensa—. No sé.

Tuvo que claudicar.

La chica era buena reconociendo engaños o ella era muy mala guardando secretos.

—Solo te cuento que no tenemos cláusula de no confraternización en la empresa —murmuró Daniela al recibir la información que necesitaba para confirmar sus ideas.

«Ese es un buen dato. No lo habías tenido en cuenta antes de engancharte a su boca como una lapa», pensó su diablillo interior.

«Cállate, que no estoy de humor. Mira lo que me haces hacer», divagó en su mente, y acabó con otro chupito.

La culpa no era suya, nunca era suya.

—Mejor me voy, porque ya tomé demasiado y no me siento bien. ¡Tori! —avisó a Daniela, y gritó para hacerse escuchar con su compañera, que estaba un poco más lejos—. ¿Vamos?

—Estás hecha un desastre. Sí, vámonos ya —murmuró Tori—. Hasta el lunes, chicas.

—Cuídense. Avisen cuando lleguen a casa a salvo

—solicitó la secretaria, y Paola asintió.

Manuela pensó que tendría que armar un grupo para enviar un mensaje a todas a la vez.

Se ilusionó pensando en tener un «grupo de amigas» en el chat, solo de chicas, para contarse chismes y secretos.

Siempre había querido vivir algo parecido.

«Típico de novelas de amigas. ¡Qué mal te llevas con eso de innovar!», pensó con resignación.

Mirco pasó la mano por la cintura de la morena desconocida y siguió el balanceo de su cuerpo, al son de la canción. Le gustaba bailar y a eso había ido.

Reconocía, con frustración, que no pudo abstraerse de la presencia de Manuela, aun así, había tomado una decisión y no arruinaría la salida de nadie. Ni la propia.

Ya pensaría en algo para acercarse a ella, después.

—Creo que ya es hora de volver a casa —anunció Oliver, poniéndose a su lado.

—¿No te vas con la chica esa? —le preguntó su hermano.

—No. Bastante que bailamos y nos dimos un par de besos. Provocados por ella, claro está. Hasta ahí llego por hoy.

Mirco negó con la cabeza, daba por imposible a su hermano. Se despidió de la acompañante con quien bailaba y le besó la mejilla, solo porque ella estaba por ser un poco más atrevida y quiso impedirlo. Cerca de Malu no

112

se mostraría con otra chica. Ni lejos.

No tenía ganas de quedar con ninguna otra mujer que no fuese ella.

Por eso, pasaba los días con un inoportuno mal humor.

—Parece que te has divertido, hermanito. Cada tanto debes salir, para olvidarte de los problemas y obligaciones —dijo a Oliver.

—Creo que seguiré tus consejos. No estuvo tan mal. Si *tu* padre se entera de estas salidas con los empleados… —comenzó a decir Oli.

—Lo que piense *tu* padre me tiene sin cuidado. Todo lo que yo haga, para él, estará mal de todas formas —aclaró el menor de los dos.

—Se deben una conversación, Mirco, y lo sabes.

—Claro que lo sé, sin embargo, primero debo hablar con mi madre. Y también lo sabes. Me tomo muy seriamente mis promesas. Hablando de promesas: mañana tengo cita en la peluquería.

—Vaya, ¿lo del pelo era una? ¿Esa es tu chica? —preguntó Oliver, al ver a Manuela apoyada contra el árbol cercano a la puerta de entrada de la discoteca.

Ya se encontraban junto al coche. Le había tocado al mayor ser el conductor designado.

—No tengo chica, pero sí, es Malu.

Tori le acarició la espalda una vez más a su amiga y le miró

113

la cara, bajando un poco el cuerpo. Ella estaba inclinada hacia adelante, apoyando un brazo en el tronco del árbol para no caerse y apuntando hacia el césped con la boca, por si acaso.

—¿Estás bien? —preguntó Mirco, sorprendiéndolas a las dos.

—Sí. No. Sí, estoy bien —respondió Malu.

—¿Segura?

—Sí —afirmó con contundencia.

—Entonces, nos vemos el lunes.

Él pensó que era una cabezota, igual tomó distancia. De cualquier manera, él no era nadie para insistir y no quería ponerla nerviosa. La veía bien acompañada, eso lo tranquilizaba.

—Mira que eres dura. Si le decías que no te sentías bien, quizá, se quedaba a tu lado, te tomaba del cabello mientras largabas hasta la primera papilla y te llevaba a su casa a pernoctar. Por la mañana, despertarías en su cama —fantaseó Tori en voz alta, y Malu sonrió imaginando la escena tantas veces leída y hasta recreada en películas.

«Según tus libros, no te acordarías de nada, mejor vete a casa. Además, te desnudaría completa, ¿recuerdas? ¿Estás dispuesta a que te vea desnuda sin poder poner poses, meter rollitos, disimular los michelines...? Piénsalo». Su yo interno era odioso.

«No tengo michelines ni rollitos», se reprendió en silencio.

114

—No digas tonterías, Tori —murmuró después de discutir consigo misma y siendo consciente de que ella misma había ahuyentado a su *enemie*, ya no tan *enemie* y más *crush*.

—Oh, ahí vuelve —susurró su amiga.

—¡Madre mía! ¡Suéltame el cabello! —ordenó con disimulo, y la venció una nueva arcada.

—¿Me voy? ¿Los dejo solos? —preguntó Tori con apuro.

—No. Sí. No.

—¿Tienes con quién volver a casa? —interrumpió Mirco al estar a su lado.

—Sí. No. Sí —balbuceó Malu.

—¿Seguro? —insistió él.

«Te repites, Manuela. Esto es un *déjà vu*».

—Me voy con Tori —aseguró.

—Bien, buenas noches, entonces —bufó Mirco. No quería dejarla y menos, en ese estado—. ¿Puedes hacerlo sola, Tori, o necesitas ayuda?

—No te preocupes, está mejor de lo que parece. Solo tiene náuseas —respondió la nombrada.

—Estoy aquí y puedo hablar por mí. Estoy mejor de lo que parece, solo tengo náuseas —aseguró Malu.

Mirco sonrió con simpatía. Ni borrachita perdía la chispa esa mujer.

Se alejó sin volver a mirarla. Subió al coche de su hermano, quien arrancó sin pensarlo dos veces y se alejaron.

—Lo dicho, eres una tonta. Ahora estarías en la parte de atrás de un cochazo de lujo, con Miller mayor al volante y el menor, a tu lado. Oliendo ricos perfumes masculinos, además.

—Repíteme esto cuando estemos en el asiento trasero de un mugroso taxi compartido, así me tiro en movimiento y se me pasa la resaca —ironizó Manuela.

—Lo tuyo es pedo, no resaca. No todavía, al menos.

Un adonis y el patito feo

Malu despertó enredada con las sábanas. Literalmente lo estaba. Tuvo que destaparse por completo y entre gruñidos, liberarse de ellas antes de correr al sanitario.

—Me meo, me meo, me meoooo —canturreó hasta que, por fin, se puso en posición y en el acto se le aflojaron todas las facciones de la cara, por puro placer.

Su cabeza le parecía más pesada de lo normal, por eso, se la sostuvo con las manos, apoyando los codos en las piernas.

No se sentía para nada bien.

—¡Qué hice anoche! —exclamó, no se lo preguntó, porque ya sabía la respuesta—. Un papelón, eso hice. Y todo porque me gusta un hombre por fin, uno que no es el *clavo oxidado* que vive con mi amiga Zoe. Examiga Zoe. Por supuesto que necesitaba otro clavo para quitar ese, pero no uno así de difícil. Más bien, imposible diría yo. Remontar esta no-relación es una tarea absurda, Manuela, no hay manera de lograrlo.

Había metido la pata con él: le gritó, insultó, besó y volvió a gritarle. Lo ignoró, lo despreció... ¡Y todo en tan poco tiempo! Era de no creer.

Varios minutos después de estar sentada y entumecida en el retrete, compadeciéndose, pensando y repensando sin resolver nada, se puso de pie y por poco se cae de boca al sentir las piernas dormidas.

—Te lo mereces, por imprudente y beoda —se amonestó, con exageración, por supuesto.

No podía negar que le gustaba divertirse mucho cuando iba de fiesta, sin embargo, no era de las que perdía el control, o la cuenta, de los chupitos que tomaba.

Recordó que la culpa la tenía su vocecita opinadora y se relajó.

El timbre sonó, aturdiéndola. En su estado, un mínimo sonido lo hacía. Se apretó la cabeza con ambas manos para aminorar las consecuencias de semejante estruendo. Así lo sentía ella.

Ya estaba lavándose los dientes, empleando toda la energía que en su cuerpo parecía escasear esa mañana. Al finalizar, y con lentitud, abrió la puerta de su apartamento.

—Hola, tía, ¿sigues en pijama? —preguntó Milton

nada más verla, y estiró su manita para «chocar los cinco».

Ese era el saludo que el pequeño prefería tener con Manuela.

—Me quedé dormida, enano —argumentó ella, viéndolo entrar y tocar todo, con ese atrevimiento infantil que le robaba sonrisas.

—Resaca a los treinta —murmuró Marcia, pasando a su lado y destilando una soberbia que atraía más miradas de las que pretendía—. No se puede creer que sean tan críos.

—Me faltan cinco para los treinta, chiquita. Y no es necesario ser una adolescente para divertirse en una discoteca. Lo que pasa es que tú creces apurada y ya vas por los cuarenta de mente.

—¿Te sientes bien? Luces horrible, aunque, lo importante es cómo te sientes —preguntó su hermana, indiferente al comentario sobre la edad.

—Estoy bien. ¡No toques ese...! Ahora recojo los pedazos. No los manosees, que te puedes lastimar —explicó Malu, resignada.

Milton la había dejado sin tazas, sin vasos, y ya había empezado a acabar con los platos. Lo de cuidarlo los sábados por la mañana le estaba dando demasiados gastos extra.

—Cámbiate, así lo llevamos a una plaza o parque y se agota pronto —murmuró Marcia con complicidad.

Prefirieron ir a un café que tenía un espacio de juegos

para niños y allí desayunaron. Manuela necesitaba un poco, mucho, de café negro para volver a sentirse una persona y no un ente que hablaba y caminaba sin más funciones mentales reconocibles.

Marcia era seria, sí, y en su mente de adulta razonaba las cosas de una manera muy distinta a la forma en la que lo hacía la hermana mayor, que solía ser más fantasiosa y trágica. Eso ya estaba claro para todos los que las conocían. Por esa razón, Manuela, a veces, recurría a su hermana menor por consejos o para aclarar puntos borrosos en su razonamiento.

—Conocí a un chico —comenzó a murmurar, y luego ya tomó carrera para seguir—. Bueno, es más bien un hombre. Este detalle es aún un tabú en mi cabeza, debo analizarlo todavía, aunque hay otros puntos que ya están examinados, no obstante, no obtuve conclusiones.

—Me das muchas explicaciones. ¿Qué hay detrás? —preguntó Marcia con astucia, y se quitó el auricular de la oreja, que llevaba escondido bajo el cabello.

Si su hermana tenía esa cara de perro apaleado, estaba sufriendo. Marcia sabía, porque la conocía, que por lo general sus sufrimientos eran en vano, aunque le afectaban igual.

La familia M al completo tenía pleno conocimiento del amor idílico que Malu sentía por alguien que ya no se hallaba entre sus relaciones. No lo había visto más y, aun así, no podía olvidarlo. Nadie dudaba de que era una más de las ideas disparatadas que la propia imaginación plantaba en su «romanticona» (a su manera) forma de ser. Aunque, también coincidían en que si ella lo sufría era porque lo sentía demasiado real y no podrían revertir la situación. Por más que le dijesen que se trataba de una mentira creada por su propia mente entusiasta, ella vivía ese amor como imposible y doloroso.

Por todo lo enumerado, escucharla hablar de otro hombre, a Marcia, se le hacía raro, imprevisto y sorprendente, agradablemente sorprendente. Sucediese lo que sucediese con él, sería positivo solo porque, entonces, se esfumaría el fantasma que parecía impedirle abrirse y enamorarse.

—Me gusta mucho, lo reconozco —siguió Manuela, entre titubeos y caras de conformismo—. Es mi jefe, el menor de los hijos del jefazo. Es un bombón relleno de la crema más deliciosa que te imagines: rubio, masculino, cuerpazo, maravilloso rostro… Lo tiene todo el desgraciado, hasta ojos celestes. Un adonis digno de ser protagonista de un *bestseller*.

—Pero…

—Lo declaré mi *enemie to lover* por equivocaciones varias, ya sabes que soy un poco imprudente para algunas cosas.

—Si así lo quieres llamar… —acotó Marcia.

—Resulta que es agradable, y me busca… Salimos una vez. Allí me enteré de que era el Miller que no conocía todavía y hui —explicó.

—¿Cómo que no lo conocías todavía?

Malu la miró con gesto culpable y Marcia puso los ojos en blanco. Podía imaginar las metidas de pata de su hermana mayor. Mejor dicho, no las imaginaba, aunque, sabía que habían ocurrido y serían absurdas.

—No soy un patito feo, ¿no? —le preguntó sin venir a cuento.

—Veo que necesitas mimos, bien, te los daré y sin mentir. No lo repetiré y negaré cada palabra en público. Eres la más linda de la casa, Malu. Tienes esos rasgos… me chorrea la envidia cuando te veo. Además de que tu cuerpo es armonioso, eso va en gusto, pero creo que es uno muy lindo y luces bien las prendas. No eres exuberante, igual tienes curvas.

—Vaya, gracias. No estoy tan mal entonces. ¿Combino con un adonis? —quiso saber, haciendo un mohín con la duda reflejada en el rostro.

—Harían una pareja preciosa, Malu.

La nombrada meditó un momento y tomó coraje para seguir. Escucharse la voz, contando todo lo que había pasad… hecho, no sonaba del todo agradable.

—Me besó, bueno, nos besamos, y casi que nos pasamos de la raya si no hubiésemos estado en un parque público y no me hubiese dicho su nombre.

—Ahora estamos hablando —ironizó la menor de las hermanas.

—Pero volví a meter la pata. Además, ayer me tomé

varios chupitos y volví a cagarla.

—No tienes cura, Malu. Ya deja de insistir en tener una vida normal. Resígnate a que pase lo que el destino quiera que pase —rezó Marcia, con las manos elevadas y queriendo contagiarle el conformismo.

—Es que igual me meto entre el destino y yo, y todo se desacomoda.

Ambas hicieron silencio, ninguna dudaba de que eso pudiera pasar.

Manuela no se sentía ni fea ni poco agraciada. Tampoco pensaba que no podía conquistar a quien se propusiese conquistar, no obstante, ese alguien era Mirco. No un chico cualquiera al que había conocido en un bar. Era un Miller.

Claro que, si analizaba la realidad con objetividad, podía ser un hombre más en el mundo y tenía las mismas necesidades que cualquier ser humano. Los genes le habían regalado una belleza que eclipsaba a muchos, sí, podía ser, aun así, seguía siendo una persona «normal» como ella misma o cualquier otra. Y lo del apellido podía ser nada más que suerte, destino, casualidad, lo que fuese, eso no lo convertía en alguien especial.

No podía dudar de sí misma por sentir el miedo propio de la incertidumbre y la vulnerabilidad que le daba el sentirse atraída por un desconocido.

Se negaba a sentirse así.

«Eres una diosa. Convéncete. Repite conmigo: soy una

diosa», se ordenó a sí misma y lo hizo en silencio.

Se remachó un par de veces la frase, hasta que escuchó a Marcia:

—Si te gusta mucho, deja que ocurra y averigua lo que puede ser. Así no te arrepentirás luego.

Marcia había estado sacando conclusiones y adivinó el miedo de su hermana a no ser correspondida, otra vez.

La mayor de las dos afirmó en silencio y se prometió hacerlo sin importar nada más.

—Ajá. Ahora tengo que pensar cómo revierto la situación —susurró.

Fue más un pensamiento en voz alta.

—Ahí es cuando se complica la vida del tal Miller ese. ¿Debería llamarlo para ponerlo en aviso?

—Eres una tonta. Me elogias y luego me tiras *perlitas* —bufó Malu.

—Nada que no merezcas. ¡Ay, madre! Si este niño debería ser tu hijo y no de Mateo. ¿Qué hizo ahora? —preguntó Marcia, poniéndose de pie y caminando hacia su sobrino.

—No conoces el pasado de Mateo, te aseguro que es hereditario, pero mejorado, o aumentado diría yo.

Malu siguió a Marcia con gesto de preocupación, ficticia. Ambas parecían compungidas. Debían estar así, además de asombradas y no acostumbradas a lidiar con las travesuras de su sobrino. Eso les había enseñado su madre, que tenía vasta experiencia con dos de sus hijos.

La cosa no pintaba bien. Se había formado un reducido, no tan reducido, grupo de niños y padres, y en medio, como un acusado sin arrepentimiento, estaba Milton.

Age gap / Diferencia de edad

Malu negó con la cabeza. En su familia nadie sabía guardar secretos. Aunque no había especificado que lo fuese, Marcia podría haber mantenido la boca cerrada o esperado a que ella decidiese contar, si quería, lo que le pasaba con el menor de los Miller.

No había sucedido eso, por el contrario.

Cenaba en casa de Mateo. La invitación tenía un trasfondo cotilla importante, lo sabía. Y no habían disimulado nada.

—Entonces… Ese chico… —comenzó su cuñada, intentando sonar relajada.

—No es un chico, es un hombre. Odio a Marcia, que

quede claro. Y sí, me gusta, me gusta bastante, diría yo.

—¡¿De verdad?! —exclamó Mateo antes de agregar—: No sabes lo contento que me pone. Era hora que quisieras apostar y arriesgarte por algo más real y no platónico o de libro. Ninguna de las dos opciones parece sana.

Manuela entrecerró los ojos y fulminó con la mirada a su hermano. Lo entendía perfectamente, se refería al novio de Zoe y ese idilio que tenía por los protagonistas masculinos de sus novelas preferidas y no tan preferidas.

Acarició el libro que tenía a su lado, como disculpándose por lo que tenía que escuchar que decía su hermano mayor.

La culpa no era de ella sino de las autoras, que sabían cómo jugar con su psicología y creaban hombres perfectos y encantadores.

—Con los personajes ficticios sé lo que va a pasar, los de carne y hueso son impredecibles. Si cuando elegí a uno, se quedó con mi amiga —murmuró después de analizar las palabras escuchadas.

—Pasó demasiado tiempo de eso. No te estanques. Dale la oportunidad a este muchacho —expuso su cuñada.

—¡Que es un hombre! Entre todos nuestros problemas para estar juntos está este claro caso de *age gap*.

—¿De qué?

—Hay mucha diferencia de edad, Mateo. Si quieres conversar conmigo debes estar atento —señaló con altanería para molestar a su hermano.

—Estoy atento, pero no conozco ese término.

—A ver —dijo la cuñada, y tomó asiento sobre las piernas de su esposo—. ¿Supera los treinta?

—Supongo que sí. No sé cuántos años tiene con exactitud —respondió la increpada.

—Aunque tenga treinta y dos, Malu.

—Por eso, hay diferencia. Yo tengo veinticinco, Mateo.

—Por eso. No veo el *age gap* ese por ningún lado.

—Cuando él cumpla los cincuenta y yo ni llegue a los cuarenta y cinco, ¿qué?

—¿Qué? —repreguntó Mateo.

—¿De verdad no ven el problema? —ambos interlocutores negaron con la cabeza—. Está clarísimo. ¡No puedo creer que no lo entiendan!

—Si nos explicas tu punto de vista, quizá…

—Nos llevamos entre cinco y siete años, siempre tendremos esa diferencia de edad —expuso con filosofía.

—Ah, claro, sí. Sí. Sí. Eso sí lo supe desde que hablamos de la posible edad del «hombre» este. Y cuando cumplas años, lo hará el también, es normal. Todos cumplimos años. No puede ser distinto él, ¿no? —ironizó Mateo.

—No eres gracioso. Y no entiendes nada.

—Y me odias. Y quieres matarme un día. Todos lo sabemos —agregó él, siguiendo con el tono jocoso.

—Qué bueno que lo sepas. ¡Deja de enredarme el pelo, idiota!

—No la molestes, Mateo.

—¿Se te encogieron o te los cortó? —preguntó Malu con seriedad mientras intentaba reacomodarse el cabello que él le había enredado, y Mateo elevó una ceja antes de preguntar:

—¿Qué cosa?

—Los huevos —respondió, y salió pitando de su lado.

—¡Esta no te la perdono! —exclamó él persiguiéndola.

El lunes había llegado y se sentía muy nerviosa. Por un lado, haber hablado sobre Mirco la había puesto a pensar que podía ser una oportunidad conocerlo y ver si congeniaban en algo. Aunque, por otro lado, se inventaba excusas inconscientes para no pasar por un nuevo rechazo.

Lo del *clavo oxidado* no era un rechazo en sí, pero ella lo había vivido como tal. Simplemente, no había sido la elegida, Zoe lo fue. Y lo era en la actualidad. Detalle que Malu no dejaba pasar al pensar en… ÉL.

Las puertas del ascensor se abrieron ante ella. Dio los pasos necesarios y se ubicó en el fondo del cubículo, dejando espacio para otras personas, entonces lo vio.

Su respiración se quedó atorada allí, donde fuese que se atoraba, y no pudo cerrar los ojos.

«Madre del amor hermoso. Me lo hace a propósito», especuló en silencio.

«Sí, claro, eso pensó cuando fue al peluquero. Creo que le pidió, exactamente, "un corte para enloquecer a Manuela"». El sarcasmo de su yo interior se perfeccionaba con los días.

Lo escuchó saludar, entonces, le regaló una sonrisa pequeña y tímida.

Mirco no había tenido tiempo de reaccionar al verla. Cada vez que la encontraba de improviso, le pasaba lo mismo. Para colmo, su padre lo seguía.

Se sentía incómodo al tenerlos a los dos juntos en un espacio así de diminuto.

Con ninguno sabía qué esperar.

Eso no era del todo cierto. Con su padre, sí sabía. Lo que tenía era miedo a que dijese algo que pudiese avergonzarlo frente a Manuela.

—Era hora de que me hicieras caso. Te queda bien. Pareces un hombre—dijo el viejo.

—Gracias, padre. Igual, siempre lo fui —murmuró.

¿Qué otra cosa podría decir?

—¿Cómo llevas las conversaciones con aquella empresa que mencionaste en la reunión? —quiso saber el jefe mayor.

—¿Perdona? No has dado el visto bueno todavía. ¿Lo tengo? —indagó.

El rostro de Mirco se iluminó y la sonrisa que se le dibujó fue enorme y contagiosa. Tan contagiosa que Malu se encontró sonriendo también.

—Es tu oportunidad para demostrarme de lo que eres capaz —sentenció el señor Miller, y desapareció cuando las puertas se abrieron.

Otra vez, Manuela se había pasado de su planta.

—Tu oficina está más abajo —murmuró Mirco, mirándola a los ojos.

—Creí que había apretado el botón al subir —murmuró.

—Y yo omití apretarlo a propósito —reconoció él con cara de pillo—. Te acompaño. Necesito hablar contigo.

—Yo no creo…

—No me importa lo que creas. Nos debemos una conversación, Malu. ¡Esto es de locos! No puede ser que no podamos comunicarnos. Si logramos hacerlo por un par de horas es porque somos capaces. Intentándolo, por supuesto.

—Fueron cuatro horas —aseguró ella, con una sonrisa pícara dibujada en los labios. Una que hablaba de ilusión y no quería permitírselo.

Tenía miedo, mucho miedo.

En su mente, la discusión con su hermano seguía muy fresca y, por supuesto, que las que ganaban la partida eran sus propias razones.

—Más a mi favor. Cuatro horas de llevarnos bien es un buen aliciente. ¿Qué te parece tener una cena? Tú y yo. En plan cita —invitó Mirco.

—No —respondió ella, sin pensarlo ni un microsegundo.

—¿Vas a someterme otra vez al no, sí, no de la otra noche?

—No. Sí. No —dijo en broma, y ambos rieron.

Las puertas del elevador se abrieron por segunda vez y entonces, Manuela salió.

—Espera —susurró Mirco, y la tomó del brazo saliendo con ella—. Nos vemos a las ocho abajo, en la entrada.

«Recuerda todos tus argumentos defendidos anoche con Mateo y tu cuñada. *Age gap* y esas tonterías. ¿Listo? Bien, ahora descártalos y dile que sí», le rogó su yo interior, aun así, su yo exterior se negaba a reaccionar.

«¡Ahora!», se regañó con un grito silencioso y con el empujón del susto respondió:

—Está bien.

16

¿Y las chispas?

Mirco miró una vez más hacia el trasto ese en el que siempre se la encontraba y soltó el aire retenido. Estaba nervioso.

—Ya bajará —le susurró Oliver al oído, asustándolo.

No lo había visto llegar a su lado.

—Dame alguna razón para no hacerlo. Dime si estoy obrando mal —rogó, con los nervios de punta.

—No encuentro ninguna. Además, tienes que festejar que el viejo te dio luz verde —indicó Oli.

—No puedo creerlo y me parece que ese subidón fue el que me impulsó a meterme en la boca del lobo con esta loca linda.

—Ahí viene. Tiene bonitas piernas. Llámame luego —dijo el hermano, yéndose—. Suerte.

Manuela sonrió al verlo y se acercó a paso lento. Sus compañeras la habían amenazado, su hermana le había prometido una dolorosa venganza y Mateo la había tildado de «gallina cobarde». Por eso no se había arrepentido de dar el sí. Temía por su salud si rechazaba la invitación.

«Y porque te mueres por sus huesos, reconócelo, hipócrita», pensó que con conciencias así, no necesitaba enemigos.

—Hola —saludó por fin.

—Creí que no vendrías —reconoció Mirco, soltando un suspiro.

—Pero aquí estoy.

—Conozco un lugar cerca. ¿Quieres? Podemos ir caminando incluso —explicó él.

Malu afirmó y sonrió al verlo tan nervioso. Parecía más real y no tan perfecto.

Comenzaron el trayecto a paso lento, como queriendo estirar el tiempo. Se miraron en varias oportunidades y bajaron los párpados al descubrirse, otras tantas.

Actuaban como dos adolescentes.

—Es ese restaurante de ahí —avisó Mirco.

—Es bonito el lugar. Nunca vine —comentó Manuela.

—Se come bien, vas a ver. Pasa —murmuró él, y puso su mano en la cintura de ella, para acompañarla hasta la mesa libre más próxima.

Todavía no había mucha gente, por suerte, porque no

tenía reserva previa.

Manuela cerró los ojos por un instante, concentrándose en el roce de la mano masculina sobre su cuerpo, y rememoró el anterior contacto, cuando le tomó el brazo al bajar del elevador, impidiendo que se alejase y así poder invitarla a salir.

«¿Y las chispas de electricidad? ¡Cómo engaña la literatura romántica! O tal vez... ¿y si no es el hombre indicado?», murmuró su pesada vocecita.

Se había vuelto analítica de golpe.

«Que te calles de una maldita vez. Ya averiguaré lo de las chispas», se reprendió, y sonrió a Mirco, que le retiraba la silla para que tomase asiento.

—Me alegro de que aceptaras venir. No quiero discusiones o malos entendidos. Ya sabes quién soy y estás aquí por propia voluntad, ¿no? —bromeó.

—Yo no diría eso precisamente, pero algo parecido, sí. La verdad es que no estoy segura de hacer esto y me obligaron a no perder la oportunidad de hablarlo contigo. Digo, hablar esto de aceptarte citas —aclaró, y luego tomó valor para seguir hablando—: Eres quién eres, tenemos nuestras diferencias y hace mucho que no salgo con chicos, hombres. Es un poco de todo, eso me hace dudar —le contó ella sin poder detenerse.

—Ya veo. Lo de las citas... siempre se pueden retomar las buenas costumbres. Tampoco salgo mucho con chicas. En este plan, digo. No quiero mentir, sí he estado con chicas en otra situación —expuso Mirco.

—Ah —balbuceó ella.

—Esto no es un compromiso de nada, solo nos conoceremos. Comencemos por el principio. No se... algo simple: ¿Cuántos años tienes? —le preguntó sin detener la conversación.

«¡Ay, madre, justo esa preguntita!».

—Veiticinc..., sei... siete. ¿Cuántos tienes tú? —indagó con rapidez para que no reparara en su dubitativa (y mentirosa) respuesta.

—Yo pregunté primero —bromeó Mirco.

Pensaba que la chica parecía joven y no había analizado la notoria diferencia de edad que había entre ellos. No le importaba, no tenía pruritos con eso.

—¡Cuántos tienes, Mirco! —exclamó, sin darle la posibilidad de escapar a la pregunta.

—Treinta y seis. Tengo treinta y seis —Fue la respuesta.

—Yo veintiocho, entonces —informó con seguridad.

Mirco entrecerró los ojos y se mordió el interior de la mejilla para no reír con el mismo descaro con el que ella había intentado engañarlo.

Mentía. Era más joven.

«No cuela. Ya te digo yo que no cuela», señaló la conciencia de Manuela.

La ignoró, por supuesto.

Ambos se miraron a los ojos, sabiendo que el ardid no

había funcionado y reconociéndose en silencio que ninguno hablaría al respecto.

—Eres mayor de lo que pensé —aclaró Mirco, en tono bromista—. Me prometí, al cumplir los treinta, que no saldría con chicas mayores de veinticinco. Hace poco, salí con una que apenas era mayor de edad. La conocí a la salida de la universidad, esa que está aquí cerca.

—Ah.

—Salimos unos pocos días y... ¿qué? ¿No te gusta que te cuente mis aventuras? —indagó al ver el rostro contrito de su acompañante.

—Bueno, no es agradable. Pero si es de lo que puedes alardear...—respondió ella.

—Eres filosa, pequeña.

«Típico mote».

«Que te calles de una maldita vez. ¡Vete a dormir!», le exigió a su yo interior.

—No salí con nadie de esa edad, solo quería molestarte, porque pareces un poco prejuiciosa con el tema —le explicó Mirco con seriedad.

—No, yo no. Pero no sé cómo tomarían mis padres el que les presente a un hombre de treinta y seis —se defendió ella.

Que él le dijese prejuiciosa no le había gustado y no se animaba a reconocer que un poco lo era.

—Como yo —agregó Mirco, feliz de haberla escuchado.

—O como cualquier otro de esa edad. Una vez, siendo más joven, mi madre dijo que si le presentaba a alguien que me superase en una década o más, le cortaría «las partes» en rodajitas y las cocinaría con el arroz. Y yo no querría comerlas. —Mirco levantó una ceja, juguetón, al ver que la chica comenzaba a ser la que él conocía y estaban divirtiéndose—. Bueno, sí querría, en algún momento, pero no tragarlas. O sí, pero no en rodajas. Olvidemos esta conversación, que no ha sonado bien.

Ambos soltaron la carcajada y él ambiente se distendió.

Comieron entre bromas y con diálogos de temas varios hasta que sus miradas se encontraron y les costó despegarlas.

—Parece que mis labios siguen teniendo mucho brillo. No me los maquillé esta vez —explicó ella.

—Hoy es otra cosa. Hoy me llaman la atención porque... Malu, me pones nervioso, eso lo notas, y nunca me puso nervioso una chica. Aclarado lo de la diferencia de edad y los malos entendidos varios, quiero conocerte fuera de la empresa. Nada formal ni serio, por ahora —anunció Mirco.

—Tengo veinticinco. Te mentí. Y fue por un tonto prejuicio, sí —murmuró Manuela.

—Perdonada. Pero no te distraigas, estoy esperando la respuesta a mi intento de persuasión, o lo que sea esto.

—Me has persuadido o lo que sea eso —dijo

guiñándole el ojo, y Mirco le acarició la mano que ella había dejado sobre la mesa.

—No tienes ni idea de cuánto me gustas —susurró, clavándole la mirada celeste de una manera muy intensa.

Manuela inspiró profundo, hinchando su pecho, y abrió la boca para decirle algo parecido.

«¡No se te ocurra adularlo! No confirmamos todavía si es un mujeriego, machito alfa y todas esas cosas de la que lo has acusado», la reprendió su vocecita interna y estuvo de acuerdo.

Disimulando el asombro por dicha coincidencia, agregó:

—Dada nuestra situación, mantengamos esto entre nosotros. Por ahora.

—Me parece bien, así no hay habladurías en los pasillos.

Mirco le sonrió, volvió a acariciarle la mano y también la mejilla. Se moría por volver a besarla.

—Si me colaboras, acercándote un poco, me gustaría besarte —rogó, sonriente y provocativo.

Malu le devolvió el gesto y se acercó un poco, solo la mitad del camino, así no se lo ponía tan fácil.

—¿Esto va a ser siempre así de complicado? —preguntó él, mientras le rozaba el labio inferior con el dedo y le entreabría la boca—. No me importaría. Me encantan los desafíos y me encantas tú.

Manuela cerró los ojos al sentir el tibio aliento primero

y el beso, después, que fue lento, húmedo, atrevido y delicioso. Una mano le acarició la cara, la nuca y la oreja, y ella comenzó a sentir que se derretía.

«No es justo que todo él sea maravilloso. ¿Tiene mal aliento?».

«No lo tiene», se respondió, y abrió más la boca para dejar paso a una lengua curiosa y descarada.

—Espera —exigió de golpe, sin previo aviso y separándose tan rápido que su primera imagen fue un Mirco de labios fruncidos y mojados, con el cuello extendido hacia ella y los ojos cerrados.

—¿Ahora qué? —le preguntó desconcertado.

—¿Y las chispas? —cuestionó, recordando aquel pensamiento que había dejado inconcluso .

—Me pierdo contigo, asúmelo desde ahora así nos vamos conociendo —aclaró Mirco con entereza.

—¿No sentiste nada?

—De todo y quiero repetir —confesó él, sin dejar de observarle la boca.

—Mirco, presta atención, hablo de chispas, electricidad o algo parecido, no sé, ¿un escalofrío por la espalda?

—No, nada de eso. Escalofrío para nada, un poco de calor, sí. Poco no, mucho calor —jugueteó al responder.

«La literatura romántica es un fraude. Demandemos a las autoras por mentirosas», pensó, afirmando con la cabeza para sí misma.

¡Es ruso! No, *dark romance*, no

Se encontraban compartiendo un enorme y delicioso postre de chocolate, mirándose con picardía, riéndose de tonterías y tentándose con palabras.

Mirco seguía pendiente de cada frase o acción de ella con una concentración poco común para una cita, aunque no se quejaría. Le gustaba que lo mantuviese así de pendiente y sorprendido.

Lo que esa chica le producía, era toda una novedad.

—No me has dicho nada sobre mi cabello —dijo, jugando a estar ofendido.

Quizá, algún día, le comentaría que su promesa se había cumplido, un poco, gracias a que ella había aparecido en su vida. No era tan literal, porque ya estaba convencido de antes para borrar esa tonta y adictiva aplicación de citas, no obstante, ella había sido la gota que había colmado el vaso.

—Cierto, no te dije nada porque no me salieron las palabras al verte —expuso con sinceridad.

—¿Estás diciendo lo que creo que estás diciendo?

—No tengo ni idea de lo que crees que digo, solo sé lo que digo —respondió.

—Te encanta darle vueltas a todo, también jugar conmigo y mi paciencia. Pero no te voy a dar el gusto de abandonar el intento de comprenderte, pequeña —anunció, besándole los labios y acariciándole el brazo.

No había desatendido el contacto con ella en ningún momento.

—¿Ese será mi mote en esta relación? —le preguntó con cara de alegría.

—Solo si te gusta —aclaró Mirco.

Manuela sonrió y afirmó. Claro que le gustaba. Si muchas de sus protagonistas preferidas lo habían recibido de los machotes apasionados que las conquistaban. Adoraba los clichés, no todos, a decir verdad, pero muchos de ellos sí.

«El mote es una mierda», sentenció su conciencia.

Manuela la ignoró.

A ella sí le gustaba la palabra y más le gustaba el tono que él empleaba al decirla.

—Eres muy parecido a tu hermano Oliver, ¿te lo han dicho?

—Sí. Es raro, porque solo compartimos la mitad de los

genes. No tenemos la misma madre. ¿A que no lo sabías? —le preguntó.

—No, no tenía ni idea.

—Mi nombre es Mirco Ivanov. Comencé a utilizar el apellido de mi padre no hace mucho, por razones laborales.

—¿Ivanov es ruso? —preguntó Malu, y de pronto se puso pálida.

Mirco no notó el detalle porque la iluminación del restaurante se lo impedía y era de agradecer. Las piernas comenzaron a temblarle y en su mente solo cabía una palabra: mafia.

—Mi descendencia materna es rusa, sí —respondió Mirco.

—Ah. Eh, yo... creo que... —titubeando, Malu señaló hacia el pasillo que conducía a los baños—. Sí, eso... voy al...

—Aseo —agregó él, con gesto de intriga. De pronto y sin aviso, Manuela se había puesto rara y evasiva—. ¿Te sientes bien?

Ella afirmó con la cabeza, se puso en pie y casi corrió para alejarse de él. No sabía qué hacer.

«Mira adónde te has metido», se reprendió.

«Claro, tú no tienes la culpa de nada», se discutió.

Tomó el teléfono y tipeó un par de palabras en el nuevo grupo de amigas que había creado con las empleadas de la empresa. Se arrepintió sobre la marcha y marcó el número de Tori.

—Tori, escucha con atención.

—Hola para ti también —respondió la nombrada.

—Si conoces a alguien ruso ¿qué pensarías? —quiso saber.

—No lo sé. ¿Por?

—Por la mafia rusa, Tori —le explicó.

—¡¿Has conocido a alguien de la mafia rusa?!

—¡No! Sí. No sé —respondió angustiada, y llevándose la mano a la frente, mientras caminaba de un lado para otro del baño.

—Vete de allí. Huye, Malu. Son peligrosos. Bueno, eso creo, eso dicen —mencionó Tori.

—Yo también leí algo sobre ellos y lo son —aseguró, con la contundencia de quien sabe de lo que habla. Los libros lo confirmaban—. Pero, ¿y si no es mafioso?

—Acabas de decir que sí, Malu.

—También dije que no lo sé, Tori. ¿Cómo puedo averiguarlo? ¿Si le pregunto y decide matarme?

—Pensemos... ¿lleva armas? —cuestionó su amiga.

—No lo sé. ¿Debo tener miedo? —preguntó angustiada.

—Yo lo tendría, sí. ¿Qué te hace pensar que sea un integrante de la mafia rusa? —consultó Tori, después de cavilar un poco más detenidamente, no demasiado, a decir verdad.

—Por el apellido.

—¿Es lo único que te hace pensar así?

—Bueno… sí. De momento, sí —respondió Malu con sinceridad, y elevó los hombros sin darse cuenta.

—Cuéntame cómo lo conociste.

—En una cita. También lo conoces —aclaró.

—¿¡Conozco a alguien de la mafia rusa!? —exclamó Tori, a caballo entre la intriga y el pánico.

—He dicho que no sé si lo es —aclaró Manuela.

—Pero también has dicho que sí.

—Es Mirco, Tori.

—¿Qué Mirco? ¿¡Mirco!? ¿Sigues en tu cita con Mirco y alucinas con que puede ser de la mafia porque su apellido es ruso?

—Si lo dices así, todo junto, suena a tontería —señaló bajando la voz en cada palabra.

—Es que lo es, Malu. ¡Es Mirco, por el amor de Dios! Es más bueno que el pan y *está* más bueno que el pan, dicho sea de paso.

—¿Entonces, no crees que lo sea? —repreguntó.

—Me voy a dormir. Ni yo he llegado a pensar tanta tontería y mira que pienso tonterías, amiga.

«Si mienten con lo de las chispas, ¿en cuántas otras cosas nos han engañado esas desgraciadas? Piénsalo. Las autoras ya no son confiables».

«Creo que tienes razón. Además, él no parece mafioso y trabaja en la empresa, ¿no?».

Se convenció a sí misma.

Con un porcentaje elevado de positivismo, volvió a la

147

mesa y sonrió con la mirada anclada en los ojos celestes que la escudriñaban en silencio.

—¿Eres de la mafia rusa, Mirco Ivanov? Y no se te ocurra mentirme, porque no me gusta el *dark romance*.

Romance secreto

Mirco bajó del coche y caminó con lentitud por el estacionamiento subterráneo de la empresa, esperando a Oliver, que se acercaba.

—Mi hermanito tiene la sonrisa dibujada y el corazoncito enloquecido —canturreó Oliver con burla.

—Si así será tu actitud, no te cuento nada.

—Lo harás, no te aguantas sin hacerlo —aseguró sonriendo de lado.

Ambos se dirigieron hacia el recibidor de entrada del edificio y de lejos vieron a Manuela, conversando con sus respectivas secretarias.

Ella sonrió, saludó con una mano y Mirco la imitó.

—¿Puedo sacarte una foto? —preguntó el mayor de los

Miller.

—No —respondió el menor con determinación, porque estaba seguro de tener cara de embobado, y escribió en su móvil un par de palabras.

Malu recibió el mensaje y lo miró afirmando.

Almorzaría con él, por supuesto que sí.

Había desestimado todas las «tonterías que pensaba», así había titulado Mateo al conjunto de argumentos que había enumerado para negarse a ver qué tenía de especial ese hombre y si podía, por fin, ser el *clavo* que ocupara el lugar del otro. No por ser un reemplazo, sino por ocupar un espacio en su corazón siendo una presencia real que pudiera despertar sentimientos y emociones verdaderas, no fantasmales, ilusorias, inventadas por sus propias fantasías. Algo que, por cierto, Manuela todavía no reconocía.

—*Ese* age gap *es una estupidez y lo de ser mafioso por ser ruso…, prefiero omitir la referencia al respecto, porque no te dejaría muy bien parada, Malu. Si es mujeriego, lo sabrás tarde o temprano. Si no eres todo lo bonita que la sociedad requiere para un hombre guapo y adinerado, a la mierda con la sociedad. Él te dejó claro que le gustas mucho. ¿De qué me olvido?*

—*Creo que no olvidas nada* —había afirmado su cuñada metiche.

—*Listo, entonces, ya están refutadas todas las tonterías que pensabas.*

—¿Y si no funciona? —interrogó Manuela.

—Te presto un pañuelo que era de mi madre, no sabes lo absorbente que es. Lloras varios días, te limpias los mocos y sigues adelante —respondió la esposa de su hermano.

—Muy gráfica, sí, señor. Así es mi esposa —aseguró Mateo, besando a la nombrada en los labios.

—Qué calzonazos eres, Mateo, de verdad —lo picó su hermana.

Mirco y Oliver subieron al elevador, solos. Se apoyaron en las paredes opuestas, enfrentados, para conversar.

—¡¿Puedes creer que me preguntó si era de la mafia rusa?! —manifestó Mirco entre sorprendido, todavía, y divertido.

—Mentira.

Mirco negó con la cabeza, riendo sin contenerse.

—Malu vive en su mundo de fantasías literarias. Habla de clichés de los libros románticos como si fuesen lo esperable en las relaciones, no sé, eso entiendo o creo entender. Es así: impredecible. Me parece que me lo voy a pasar genial con ella, Oli.

—Te gusta mucho —observó el mencionado.

—Muchísimo, ya te lo dije. Todavía no le pregunté si va a la fiesta de esta noche.

—Seguro que sí. Todos han confirmado. ¿Cómo va la conversación por la sociedad?

151

—Ya tengo agendadas dos reuniones importantes. Pronto tendré noticias y te daré pautas para que puedas hacer los números. Ya debería ir redactando el contrato —explicó Mirco.

—Te tienes mucha confianza.

—Sí. Este negocio se dará. Y papá dejará de molestarme por un tiempo —sentenció.

Malu seguía distraída, soñando despierta con que el ascensor se abría y su adonis particular estaba ahí, esperándola, sonriente. Lucía espectacular con un traje gris a medida porque le quedaba de maravilla y la hacía suspirar.

Tan distraída estaba, que el sonido de su móvil la asustó y gritó, alarmando a todos los que la rodeaban.

—Hola, mamá. Estoy por entrar a trabajar —dijo al responder.

—Lo sé, solo quería decirte algo con respecto al ruso —le explicó su progenitora con rapidez.

—Mataré a Mateo, lo haré y será doloroso para él.

—Otro día me cuentas los planes, ahora quiero hablar del ruso ese y decirte que no haré arroz con sus «partes», hija —dijo Mona y agregó—. ¿Cómo puedes pensar que lo haría? Eras una niña cuando me hablabas de aquel profesor cuarentón poniendo una carita de enamorada que me aterrorizaba y, por tal motivo, dije semejante cosa.

—Me estás llamando a las ocho de la mañana para asegurarme que las «partes» de Mirco no corren peligro, ¿es eso, mamá?

—Sí. Y que no me gusta mucho que sea tan mayor, pero si es lo que hay que aceptar, lo acepto con tal de verte feliz y sonriente. Además, su nombre comienza con M, no desentona en la familia.

—Gracias, mamá. Debo colgar. Todavía no sabemos si me hará feliz y sonreiré, pero te lo agradezco igual. No había notado lo de la letra de su nombre, es una linda casualidad, sí. No me equivoco si supongo que papá y Marcia están al tanto de todo, ¿cierto?

—De todo, no te preocupes, yo los puse al corriente y la madre de Carla también lo sabe, tranquila.

Manuela cerró los ojos y negó con la cabeza. Por supuesto que eso no la tranquilizaba, por el contrario. Eran increíbles.

¡Increíbles!

¿Por qué la vida le había regalado una familia tan chismosa y, al mismo tiempo, feliz de serlo?

—Quiero pedirte, por favor, que guardes el secreto. Todavía no está divorciado y no quiero que tenga problemas con la tenencia de los tres hijos, mamá —dijo Malu, y cortó la comunicación, después de escuchar el lamento ahogado de Mona.

Era la única manera que había encontrado para silenciar a su madre. Ya le aclararía, con tiempo, que nada era verdad. Sabía que la impresión le duraría un día completo y haría elucubraciones con su padre para poder ahuyentar a Mirco Ivanov de su vida y por eso, no hablaría más de él.

Esperaba que la treta funcionase hasta que los visitara para contarles todo.

—Ahora que nadie puede oírnos, habla —ordenó Paola al verla desocupada.

¡Otra cotilla!

—Me da un poco de vergüenza —comentó.

—Maravillosa actuación. Vamos, desembucha —insistió Tori, moviendo su silla hacia la mesa de Malu.

Una más. No podía librarse de los chismosos.

—Vamos a conocernos, salir, divertirnos, espero que a besarnos un poco más y todo lo que sucede después de los besos, ya saben… toquetearse, desnudarse y… ya saben.

—¿Eso es todo? No hay detalles en estas palabras —rezongó Tori.

—Será todo —señaló Manuela, y las dejó solas.

—No se te ocurra…. ¡Malu! —gritó una de ellas, con la intención de hacerla volver.

Fue en vano.

Su risa se escuchaba desde el pasillo y las mujeres todavía seguían refunfuñando cuando salió de la oficina y se topó de lleno con el ruso de ojos celestes que la había besado por horas.

—Este no es tu pasillo —le reclamó Manuela después

154

de recuperar el equilibrio. El hombre era fuerte como un tractor y había rebotado hacia atrás unos pocos centímetros.

No pudo disimular la sorpresa y mucho menos, quitarle la vista de encima. En vez de esconder sus intenciones, lo repasó de arriba abajo con una intensa mirada.

—¿No es mi pasillo? —preguntó Mirco con gesto divertido—. Debo haberme perdido de camino a la sala de descanso. Justo iba a tomarme un café.

—Supongo que uno no te alcanzaba y te serviste dos —ironizó ella.

Mirco miró sus manos, ocupadas con dos vasos térmicos con café y un paquetito marrón entre los dedos, y elevó los hombros.

Tenía una cara de pícaro que a Malu le parecía adorable.

—Sí. También tengo dos porciones de una tarta de queso que es un manjar —comentó.

—¿Todo para ti? —quiso saber ella.

—Todo para mí.

Se miraron un rato en silencio, con la sonrisa dibujada y las ganas de comerse la boca saliendo por sus ojos.

Ninguno de los dos podría disimular esas ganas si los encontraban hablando en ese desértico pasillo del sector de archivos.

—Nos vemos luego, vuelvo a trabajar —murmuró

Malu, jugando todavía ese juego infantil pero excitante que habían comenzado.

—Espera. Ven. Me das pena. Lo has logrado con esa miradita lastimera. Toma, te regalo uno de mis cafés —argumentó Miller.

—Yo no lo he pedido.

—Tu mirada lo ha hecho, pequeña. Te daré también una de las porciones de tarta. Así de bueno soy.

—Gracias, entonces.

Manuela tomó lo que le daba sintiendo cosquillas en el estómago, no sabía si eran de alegría o hambre, tal vez, de las dos.

—Así, ¿nada más? ¿Ni un beso o un abrazo? —reclamó Mirco, sintiendo más o menos lo mismo.

Ella se acercó a besarle la mejilla y él giró la cabeza para que lo hiciese sobre sus labios. La arrinconó contra la pared, con las manos ocupadas todavía, y profundizó el contacto.

Solo alejó la cara cuando dio por terminado el saludo y sonrió.

—De nada —murmuró con los ojos brillosos y la sonrisa más bonita que Malu había visto en su vida.

—¿Está bien esto, Mirco? —preguntó ella, dándole un último beso rápido y tomando su desayuno, para apoyarse luego en la pared, al costado de su jefe, el mismo que le había comido la boca sin dudarlo ni un instante—. Esto de tener «algo» siendo yo una empleada reemplazable y tú, uno de los jefazos, digo.

—No tenemos reglas para estas cosas. Somos una empresa moderna. La confraternización entre los empleados no nos preocupa si no interfiere en el trabajo —le explicó con seriedad.

—¿Pero…?

—Pero no tengo experiencia. Nunca salí con una empleada, pequeña. Es una novedad para mí también. ¿Te asusta?

Manuela elevó los hombros, dando un par de sorbos a su café y un mordisco a la deliciosa tarta.

—Soy la nueva y necesito el dinero. No puedo permitirme un despido —explicó.

Ya no estaba poniendo excusas ni haciendo bromas. Estar allí, apoyados en la pared de un pasillo silencioso, la hacía consciente de lo raro que podía llegar a verse.

—Eso no pasará, te lo aseguro. Aunque, puedo proponerte la excitante opción de mantener esto en secreto por el tiempo que necesites. Mientras tanto, iré averiguando cuánto puede complicarnos si lo blanqueamos algún día.

Malu lo miró a los ojos y su sonrisa se fue dibujando poco a poco.

Mirco frunció el entrecejo y se preparó para «la» locura de la mañana, porque no esperaba que fuese la única del día.

La chica comenzó a dar saltitos en el lugar y parecía

estar gritando en silencio. La mirada se le iluminó y se acercó mucho a él para darle un beso o dos..., se decidió por cinco besos rápidos.

—¿Tenemos un romance secreto? —preguntó ilusionada como una niña.

—Eso parece. Y veo que te gusta la idea.

—¡Me encanta! Quiero un plano de la empresa para buscar sitios oscuros y solitarios para encontrarnos. Qué lástima que no trabajes mucho con archivos. Podría llevarte algún papel importante y entrar a tu oficina para besarnos un rato. Daniela podría escucharnos, pero no haríamos nada de ruido de todas formas, y yo saldría del despacho con la ropa arrugada y los labios hinchados —murmuró soñadora.

—Malu, soy bueno con la imaginación y ahora mismo, tengo una foto mental demasiado sensual de lo que acabas de describir.

—Eres un atrevido. ¡No puedes imaginarme desnuda sobre tu escritorio, Mirco! No llevamos ni un día saliendo y tú ya tienes esos pensamientos —exageró, con un golpecito en el pecho de él incluido.

—¿Por quién me tomas? ¡Nunca dije que estuvieses desnuda! —exclamó Mirco.

Vació las manos de ella, también las de él.

La abrazó por la cintura y ella lo hizo por el cuello.

Se fundieron en un beso apasionado.

Sin dudarlo, él bajó las manos hacia el trasero de Malu.

Ella gimió del gusto y se apretó contra el robusto y duro cuerpo masculino.

—Estabas con la falda más arriba de la cadera y yo tenía tu ropa interior en mi bolsillo —susurró sobre los labios femeninos.

—Eres un pervertido, ruso.

—Tú me perviertes con tu belleza, pequeña.

—Tengo que trabajar, ñoño.

Mirco la tomó por el trasero, pegándola a su cuerpo un poco más, y rozándole los labios en cada palabra, murmuró:

—Nos vemos para almorzar, entonces. Nos encontramos en el subsuelo. ¿Sabes cuál es mi coche? Es el único deportivo plateado, lo reconocerás. Que nadie te descubra. Si te veo en el ascensor, te tocaré el culo y te besaré con lengua. Ojo si deambulas por los pasillos, puedo encontrarte, meterte en una habitación vacía y comerte la boca a besos.

—Todo sí —balbuceó ella, con los párpados cerrados.

—¡Carajo! No podré trabajar imaginando todas estas boberías, Malu.

—Ni yo, y eres el responsable, jefe.

—Vete de una vez, o te secuestro —avisó Mirco.

El morbo de los uniformes

La celebración anual de la compañía estaba en pleno apogeo. Para que todos quisiesen asistir y divertirse, habían organizado una fiesta de disfraces. Con esta, se agasajaba a los empleados por sus cumpleaños y a veces, alguno recibía algún premio por desempeño o logro significativo.

El señor Miller solo pasaba unos minutos, daba un pequeño discurso y se marchaba junto a su esposa.

No se los había visto disfrazados jamás.

No era el caso de Oliver y Mirco, que disfrutaban de esa celebración como dos niños.

Hacía más de una hora que iban y venían, saludando a

todos e intercambiando algunas palabras, cuando decidieron hacerse un hueco en un rincón y tomar una copa del refrescante *champagne* que se servía.

—Hablé con mi madre —murmuró Mirco observando a su alrededor, sin detenerse en nada en particular.

—¿Sobre mi padre? —quiso saber Oliver.

—Sí. Por fin, me armé de coraje. Fue mejor de lo que esperaba y me acabo de enterar de que la «señora» me ocultaba un novio —dijo con retintín.

—No te creo —señaló Oliver, asombrado, y vio asentir a su hermano con una sonrisa de lado dibujada en su rostro.

—Vi fotos. Me gusta, ¿sabes? Se la ve contenta y él parece un buen hombre —señaló Mirco.

—Me alegra, entonces. ¿Cuándo cenas en casa de los Miller? Porque ya nada te lo impide, ¿o sí? —indagó el hermano mayor.

—No me presiones. Que haya cumplido otra de mis promesas no significa que sea fácil para mí.

—Cambiemos de tema. Estamos aquí para divertirnos —anunció Oli, y le palmeó la espalda—. ¿Y tu chica?

—No tengo ni idea. No quiso que pasara a buscarla. Me dijo que vendría con sus compañeras.

Manuela no podía cerrar la boca al ver el despilfarro hecho por la empresa en semejante festejo. El salón en donde se encontraban formaba parte de uno de los mejores hoteles de la ciudad. La comida y bebida eran abundantes. Entre el lujo y la alegría, la música invitaba a pasarlo bien y a no pensar en preocupaciones.

Había quedado alucinada.

—Mierda —murmuró Tori, después de recorrer con la vista un sector a su derecha.

—¿Qué? —curioseó Malu, y Paola la imitó.

—¡Mierda! —repitió Tori, un poco más efusivamente.

—¡Dinos qué!

—¡Mierda, mierda!

—Vaya, lo tuyo es la elocuencia. ¡Ese abundante vocabulario que tienes es siempre tan esclarecedor! —bromeó Manuela.

Sintió las manos de su compañera en los hombros, se los presionó lo necesario para poder girarla para ponerla de frente hacia el objetivo que debía observar, y ella captó la indirecta.

—Mier-da —balbuceó.

—Lo que dije yo.

—Tú lo dijiste cuatro veces, Tori —agregó Paola.

—Las últimas tres eran los signos de admiración, chicas —explicó con gracia.

—Con lo que me gustan los uniformes… —cuchicheó Malu.

Su mirada viajó desde la punta más alta del cabello corto de Mirco hasta la suela de los lustrados zapatos negros. Se había detenido un poco en la camisa, que le ajustaba los bíceps, y en el cinturón cargado de artilugios que, de ser verdaderos, le parecerían peligrosos. La pistola y las esposas brillaban en un lateral del pantalón y los cuádriceps parecían grandes y fuertes debajo de la tela azul.

Los trajes no le ajustaban tanto el cuerpo como ese uniforme de policía que la ponía taquicárdica.

Se veía enorme, musculoso...

¡Qué pervertida se sentía!

¡Cuánto pensamiento prohibido para menores de edad!

—Esta noche voy presa —aseveró en voz baja.

—Mi consejo es que ya no tomes. Con el golpe de calor que te dio, ya llevas dos copas bebidas de un solo trago cada una.

Manuela miró a Paola asintiendo y dejó su copa vacía sobre una mesa cercana. Luego, frunció el entrecejo y la miró con curiosidad.

—¿Por qué debería dejar de tomar?

—Porque ese policía corre peligro de ser raptado por una beoda cachonda si no.

Mientras conversaban sobre si tomar una copa más o dejarlo por lo que restaba de la fiesta, por la seguridad del Miller ruso, este, justamente, se acercó sin ser visto.

—Buenas noches —saludó, con un gesto de cabeza que a Malu le pareció una escena de película pornográfica, por

164

lo sensual y casi obscena que le había parecido.

Su libido andaba por las nubes y lo de la escena obscena era pura imaginación.

—Oficial —respondió luego, con una inclinación y sin quitarle la mirada.

«Y tiene gorra. ¡Qué bien le queda! Y las gafas de sol… Si hasta los zapatos le quedan bien. ¿Ya has visto el reloj que tiene en la muñeca? ¿¡Puede ser más masculino!?», pensó, sin dejar de observarlo en detalle y comentándolo consigo misma.

No obtuvo respuesta. Mejor así.

Le daría un beso o dos, o mil, pero vivían un excitante «romance secreto».

¡Maldición!

Nunca se había arrepentido tanto de algo.

El silencio se hizo un poco incómodo para los cuatro.

Mirco tenía ganas de darle un buen repaso con la vista, sin escatimar en detalles, o acercarse un poco y arrimarla a su cuerpo con un brazo, acariciarle la cara con la mano libre y darle uno de esos besos que descontrolaban las hormonas. No obstante, decidió romper el denso ambiente con una vana conversación y así no caer en la tentación de hacer lo que deseaba.

Si hasta se pondría a contarle cada lunar y vello que encontrase a su paso.

—Eres un… —comenzó a decir, señalando a Paola.

—Unicornio, sí —respondió ella, interrumpiéndolo,

orgullosa de su disfraz—. La cola tiene los colores de la bandera LGTBQ+.

—Creo que tanto peluche da calor, ¿no? —siguió Mirco, quería entablar una conversación para no tener que alejarse de su chica.

—No mucho, además, estoy en ropa interior debajo —aclaró la empleada del archivo.

—Guau, amiga, es demasiada información —murmuró Tori, reprendiéndola.

Era uno de los jefazos con quien hablaban después de todo.

—Igual, gracias por contarme —agregó él, sonriendo por la naturalidad con la que esa chica le había respondido. Sin poder frenar el movimiento, dirigió la mirada hacia su *loca* favorita y casi se atraganta al mirarle las piernas otra vez—. No sabía que las enfermeras usaban portaligas.

—Siempre —le aseguró Malu, con seriedad—. Debajo de su pantalón de uniforme o las batas largas que llevan, tienen portaligas.

—Entiendo. Tu bata no es de las largas precisamente.

—Es que no había de mi talla. Esta es de niños —siguió, con su tono de sabelotodo.

—Claro. Eso explica que se te abra… ahí… —murmuró Mirco, señalándola.

—En el escote, sí. Se me abre un poco. Esa es la explicación.

Manuela sonrió de lado y Mirco se mordió el labio inferior. Era tremenda, provocadora y divertida como ninguna mujer con la que había estado.

—Contrólate, Malu, que no tengo mucha fuerza como para quitarte las garras del «poli» de encima y esto se está poniendo peligroso. Por cómo te mira, digo —murmuró Tori en su oreja.

—Los tacones rojos no combinan mucho —acotó Mirco, ajeno al murmullo y la preocupación de su otra empleada.

—Combina a la perfección con la cruz roja del bolsillo derecho.

—Cierto, con el bolsillo —masculló él, echando un vistazo por la zona del bolsillo que tenía a la altura del pecho, pero no a la cruz roja precisamente.

Mirco mantuvo el silencio por unos segundos y al no poder seguir reprimiendo sus ganas de abrazar a Malu, dijo:

—Bueno, yo tengo que seguir socializando por ahí. Nos vemos luego.

Las tres mujeres lo observaron partir.

Dos de ellas hicieron un reconocimiento concienzudo del trasero del menor de los jefes Miller, mirándose luego para confirmar que pensaban lo mismo.

—Impresionante —aseguró Malu.

Tori afirmó en silencio.

20

Dos x dos x dos.

No era lo que esperaba, pero...

Oliver volvió a sonreír al ver a su hermano tan contrariado. Pensó que no sería mala idea tenderle una mano. Si parecía un adolescente nervioso cada vez que la chica que le gustaba se le acercaba.

—¡Enfermera! —exclamó Oliver.

Manuela sonrió, se acercó y saludó.

—Doctor, tanto tiempo sin verlo —jugó, al ver que él tenía un disfraz y todos los complementos de un médico.

—Estuve ocupado visitando pacientes y haciendo operaciones —agregó Oliver, en el mismo tono—. Aquí, el teniente requiere de sus servicios.

Ambos, Manuela y Mirco, vieron al hombre partir sin

agregar nada más, pero riendo a carcajadas y negando con la cabeza.

—¿Teniente? No sabía que tenía un rango tan elevado. Creí que era solo un oficial —indicó con la vista clavada en su novio secreto.

—Ya ve, se equivocó —señaló él.

—Como usted con las ligas.

Se miraron a los ojos por largos segundos, diciendo con la mirada mucho más de lo que imaginaban.

—Estás muy… —titubeó Mirco, bajando la vista hacia las piernas de la chica.

—Dilo como te salga.

—Sexi, impresionante, divina, espectacular —murmuró de un tirón.

—Elige solo una de esas palabras —pidió ella con la voz susurrante, provocándolo.

—No puedes obligarme. Sería injusto.

La mirada de su chico le quemaba la piel y la ponía nerviosa. Le vendría bien un cambio de tema, por eso, añadió:

—Veo que tiene esposas, teniente.

«Sip, un rotundo cambio de tema», ironizó su yo fastidioso con un poco de sarcasmo.

—Pistola, y un coche en la puerta. Además, no vivo lejos —sumó Mirco.

«Esto se pudre, Manuela. Más vale que te hayas afeitado el *felpudo*».

—¿Me está deteniendo? ¿Quiere que suba al coche para ir a su casa, donde supongo que está el calabozo?

—Eso mismo. Yo quiero que me ponga un par de inyecciones, o mejor se las pongo yo, que tengo una jeringa preparada.

—Eres un cochino —dijo Malu entre risas.

Mirco también rio, pero no dejaría la conversación por la mitad, de ninguna manera:

—Toda la culpa es tuya. ¿Te molesta si rentamos una habitación y no perdemos tiempo en llegar? —preguntó, ya sin actuaciones. No quería demorarse más.

—No me molesta. Deja que avise a las chicas. Ellas saben de lo nuestro.

—Te veo en el pasillo de las escaleras en quince minutos.

«¡*Oh, yeah!*», exclamó su inconsciente.

La habitación era enorme. Las luces de la ciudad que entraban por el ventanal, que ocupaba todo un lateral, creaban un ambiente íntimo. El adecuado para el momento.

Malu giró sobre su eje, admirándolo todo y llegó hasta Mirco.

Él se había quedado detrás, observándola a ella.

—Estás preciosa y me estoy controlando para no arrancarte la ropa, pequeña.

—¿No piensas darme el beso que me debes? —demandó Manuela.

Mirco le sonrió y sin titubeos, la atrajo hacia su cuerpo para complacerla. Como lo hubiese hecho antes, de no mantener un absurdo secretismo.

No negaría que era interesante jugar ese juego, pero más interesante era sentir los labios femeninos refregándose contra los suyos y la lengua curioseando en su boca.

Las manos descendieron solas hacia las piernas de Malu y las acarició con precisión, apretando con deseo.

—Te voy a tocar por debajo de la ropa, nena —anunció.

—No me pidas permiso, ruso. ¿O tengo que avisarte que voy a desabrocharte el cinturón? —le preguntó ella.

—No me pidas permiso. Me encantas. Me tienes loco —añadió él, entre besos.

Manuela gimió al escucharlo decir esas palabras justo cuando sus manos le apretaban el trasero y la pegaban al cuerpo masculino.

«Eso que tiene ahí mide dos metros, como en las novelas que lees, y sumado a los dos que parece medir de alto el hombre y los otros dos de ancho de hombros, creo que nos llevamos el premio gordo», murmuró su *diablilla* interior al sentir el deseo de Mirco clavándose en su vientre.

El ruido que hizo el cinturón al caer, con todos los juguetes que tenía sujetos, los sobresaltó. Ambos aprovecharon para alejarse de la puerta y acercarse a la cama.

Ninguno había quitado los ojos del otro.

—¿Me desvistes o lo hago yo? —quiso saber ella.

Mirco se mordió el labio y comenzó a desprender su camisa.

Malu interpretó eso como una respuesta y llevó sus manos a los botones de su propio disfraz.

En pocos minutos estuvieron en ropa interior.

Mirco había soltado un par de improperios antes de adularla por su belleza y ella solo había inspirado profundo, solo eso, inspirado.

«Suelta el aire, insensata, que te mueres antes de ver los dos metros que tiene bajo el calzoncillo», se ordenó.

No tardaron mucho en abrazarse como dos desquiciados y devorarse la boca entre jadeos y suspiros. Las manos apretaban y rozaban todo lo que encontraban.

El sujetador voló por el aire. A esa acción, le siguió un lastimoso gemido.

—¿Te hice daño? —preguntó Mirco, elevando la mirada desde los pechos de ella, dispuesto a metérselos en la boca.

—No, solo soy así de exagerada —respondió.

—Por mí, grita y llora. Pero si te duele algo, me dices.

Malu afirmó con la cabeza y tomó la de él para volver a acomodarla entre sus senos.

—No te distraigas —agregó.

Mirco le tomó la mano y la llevó hasta su entrepierna. Ella entendió que quería que lo tocara, eso hizo. Primero curioseó por fuera de la ropa y luego, por dentro.

Él gruñó al sentirla y ella, sonrió.

«No es lo que esperaba. Eso son unos *diecitantos* centímetros. Es normalita», alegó en su mente.

Los besos y las caricias se volvieron fuego, por eso, Manuela no pudo ponerse a divagar sobre la medida que había imaginado comparada con la real.

Ambos se dejaron caer en la cama, ya desnudos.

Ella conservaba los tacones rojos y las medias, por solicitud de su «teniente».

Un acople perfecto los obligó a cerrar los ojos y comenzar una nueva guerra de besos, más intensos y urgentes.

—Voy a moverme —susurró Mirco.

—Estoy preparada —notificó ella entre gemidos.

Los segundos que le siguieron a esas palabras fueron una explosión de placer.

Gemidos, palabrotas, rasguños, gruñidos, miradas, besos, lamidas… nada faltó, nada sobró, todo estaba permitido.

—Guau —murmuró Mirco, cuando la acción llegó a su fin.

Todavía agitado, había apoyado su frente en la de ella y cerrado los ojos por un instante. No quería abandonar el cuerpo de la mujer que lo había hecho vibrar con intensidad y un toque de locura. No podía negar que algo de ternura también sentía al verla acalorada y sonriente, mirándolo con ese gesto de embeleso que le ponía los vellos de punta.

«No era lo que esperaba en tamaño, pero sabe cómo mov...».

«Cállate de una vez», se reprendió, y volvió a acurrucarse contra el pecho de Mirco, una vez que este se puso de lado y estiró el brazo.

—Quiero quedarme a vivir aquí —susurró Manuela, y él le besó la cabeza.

—¿Ese «aquí» es el hotel o la habitación? —quiso saber

—Aquí entre tus brazos, tu pecho o cualquier hueco que pueda hacerme en tu cuerpo —respondió ella.

Mirco la miró sorprendido. Malu tenía la capacidad de dejarlo sin palabras.

Siguió observando con una tonta sonrisa dibujada en los labios a la belleza perfecta de maravillosos ojos grises que brillaban como estrellas en ese instante.

—Eres una preciosura, pequeña. ¿Quieres quedarte a dormir conmigo?

—Lo daba por hecho —respondió ella, y le besó el pecho varias veces. Apretó su agarre y cerró los ojos para arrullarse con el sonido del corazón de Mirco—. No ronques.

—No te puedo prometer eso —aseguró él en broma, y volvió a besarla.

175

Amigos con derechos

La mañana llegó pronto y lo hizo el mediodía también. Ellos seguían en la cama, desnudos y saciados. Podría decirse que un poquito enamorados, algo que aún no sabían.

Parecía pronto para definir si lo que vivían era profundo o solo ganas de estar juntos. No obstante, Manuela, que conocía el amor idílico y doloroso, ausente y sin demostraciones, podría asegurarle a quien le preguntase que Mirco sería el amor de su vida. Eso, si hablaba desde todo lo que él le hacía sentir cuando estaban juntos.

El *clavo oxidado* parecía haber desaparecido como por arte de magia, aunque, si lo analizaba un poco, un dejo de cariño se advertía en su sonrisa y la mirada perdida al pensar en él.

El recuerdo era bonito, punzante pero bonito. No podía negarlo.

Lo de «su ruso» era otra cosa. Con él, la energía que la invadía era inmensa. Con él quería divertirse, amar, soñar, proyectar, hacer el amor, besar, descubrir... y acojonaba como los mil demonios querer hacer tantas cosas con una sola persona, a la que apenas conocía, además.

Mirco no estaba tan alejado de esos pensamientos. La diferencia radicaba en que él no temía. Había amado, sabía lo que había en una pareja y le gustaba. Sus recuerdos al respecto eran más lejanos, no pertenecían a los últimos meses de su noviazgo, sino a los primeros y los del medio.

Descubrirse y aceptarse con el correr de los días era hermoso. Tan hermoso que le encantaba volver a vivirlo con Manuela, una jovencita alocada, soñadora y atrevida que lo miraba como si fuese la perfección hecha persona. Disfrutaba mucho de sentirse así de admirado, era un halago precioso. No podía dejar de sonreírle al observarla ni de besarla a cada instante.

—Tengo hambre —murmuró ella, desde el hueco que se había hecho en el pecho masculino.

—Pedimos algo o salimos, estas son las opciones —dijo él, sin moverse tampoco.

—Qué difícil es la elección. Tienes que vestirte para salir, ¿cierto? —le preguntó Malu, sonriente y pícara.

—Lamentablemente, sí. Y tú también.

—Prefiero seguir viendo todos estos músculos y tocarlos —aseguró, acariciándolo por todos lados.

—Mejor me alejo un poco de tus garras. Me vas a consumir y tengo que recargar energía. Yo sabía que no serías sana para mí —bromeó Mirco, alejándose de la cama.

—No fui la que insistió en ser…. —Manuela se interrumpió a mitad de la frase, con el rostro arrugado en una mueca de vacilación—. ¿Qué somos?

—Lo que quieras ser. Tienes más imaginación que yo. ¿Qué podemos ser? —le preguntó él.

—Bien. Pensemos un poco en las opciones que tenemos. Estás muy bueno, ruso. ¡Tienes un culito!

—Yo también puedo hablar de tu culito, pequeña, no me tientes. Deja de mirarme, que me intimidas. Hablabas de nuestras opciones.

—Sí. Pero me distraes si te paseas así por delante de mí, ponte calzoncillos. Decía… dada nuestra situación de jefe y empleada, esta especie de romance secreto que tenemos y la nueva realidad… —enumeró, como pensando en voz alta.

—¿Realidad que sería…? —quiso saber Mirco. No quería perderse en los razonamientos inentendibles de su chica.

—Haber tenido sexo descontrolado.

—¿Descontrolado? —repitió Mirco, sonriente, al ver la diversión en el rostro de ella.

—Es una palabra que siempre se usa en los libros. Yo imagino que es lo que quieren decir las escritoras cuando describen lo que hicimos nosotros.

—Entiendo —susurró él.

—Por supuesto que no lo haces, pero te perdono. Volviendo al tema anterior... Hay un cliché que me gusta mucho y creo que es lo que podemos ser: amigos con derechos.

—Yo no quiero ser tu amigo. Prefiero poder hacer cochinadas contigo y con una amiga, no las haría —le aclaró él con seriedad.

—Esas cochinadas son los *derechos*, tonto. ¿Ya ves que no entiendes nada?

Mirco negó con la cabeza y luego le dio la razón. No la entendía, no obstante, le encantaba esa parte de la relación, sin nombre todavía, que llevaban.

—¿Pido un poco de todo para comer? —preguntó tomando el teléfono.

—Esto ya pasó. Los clichés no se repiten porque aburren, Mirco.

—Me mareas, pequeña, de verdad que sí.

La vio negar con la cabeza y guiñarle un ojo después.

Lo peor era que lo dejaba en ascuas e intrigado porque no se explicaba.

—Pídeme una ensalada que lleve un poco de todo y pollo a la plancha. Quiero un jugo de naranjas para beber y de postre, algo con chocolate y helado.

Él asintió e hizo la llamada.

—Mientras esperamos, puedes cubrirte un poco el cuerpo así reclamo la parte esa de *amigos*, ¿qué te parece? —rogó Mirco, admirando la desnudez de Manuela.

—Me parece bien. Cuéntame de ti. ¿Fuiste un niño feliz? —quiso saber ella, mientras se ponía la camisa del disfraz de policía.

Mirco le dijo que era una tramposa, que él era quién quería preguntar primero y le hizo cosquillas hasta que ella huyó de su agarre.

Minutos después, volvió a preguntar y a él no le quedó otra que responder.

—Lo fui, sí. ¡Guau! No voy a mirarte. No puedo hacerlo sin querer volver a… No voy a mirarte —murmuró, desviando la vista y escuchando la risa de Malu, quien terminó de abrocharse el botón de la tentación—. Fui feliz, pero siempre quise un hermano. No tuve muchos amigos. Era tímido y me gustaba estar con gente adulta. Pasaba mucho tiempo con mi abuelo. El padre de mi madre.

—¿Y tu padre?

—Vas al grano, pequeña.

—Si no quieres… —comenzó a decir Malu para hacerle entender que no pretendía incomodarlo, y dejó la frase en suspenso.

—No me importa. Ven, siéntate cerquita. Mi padre siempre existió para mí. Sabía que era un hombre ocupado. Así decía mi madre. Tan ocupado que no me visitaba, nunca lo hacía. Crecí con una figura paterna importante, pero no la de él, sino la de mi abuelo.

Manuela lo miró a los ojos y abrió la boca para preguntar más. Su mente le gritó que no indagara, entonces, la cerró.

Mirco le besó la nariz y sonrió, adivinando su curiosidad.

—Quieres la historia completa, ¿no? —Soltó la carcajada al verla asentir—. Solo te pediré discreción. No me gusta que todos sepan las miserias de mi familia.

—No le contaré a nadie, por supuesto que no —prometió.

—Mi madre, Gala, era una empleada doméstica en la casa de verano de los Miller.

Malu abrió los ojos enormes.

—Sí. El dueño de casa la engatusó. Argumentó una separación que no fue más que una discusión de pareja. La llenó de ilusión, le prometió la luna y las estrellas, aunque lo único que le dio fue un embarazo no deseado y el posterior rechazo al enterarse de la situación.

—Lo siento. ¿Ella se había enamorado? —indagó.

—Sí, según lo que me contó, sí. Quiso mucho a mi padre, tanto que, si hubiese vuelto para criarme con ella, hubiese aceptado ser la «otra» en la vida del hombre de familia que él decía ser. Y te aseguro que mi madre es una mujer de muy buenos valores. No me faltó nada, no puedo quejarme por eso. Si hasta nos mudamos a esta ciudad para estar más cerca de él, para que le fuese más fácil verme seguido. Nos dio un techo y comida. También ausencia. No me visitó seguido como prometió.

—No hubiese imaginado esto, como ahora trabajas en la compañía... Es difícil pensar algo parecido.

Mirco se acomodó un poco y le acarició la mejilla al verla tan contrariada. Su historia no era la que todos pensaban, podía entender la reacción de Malu.

Procedió a explicarle un poco más:

—Yo era aún adolescente cuando volví a verlo y lo odié. Él quiso ganarse mi cariño y mi perdón con lo que tenía más a mano: dinero. Mi madre pretendía que yo no aceptara nada de él, sin embargo, a mí me obnubilaba lo que me ofrecía y mi rebeldía me obligaba a aceptarlo todo, y pedir más. Me regaló un coche antes de que tuviese veinte. Carísimo, Malu, un derroche de dinero. Me duró una semana, porque lo hice pelota contra un árbol. Mi madre no quiso que tuviese más coches y él no se atrevió a contradecirla, tampoco se enfadó. Su único propósito era estar cerca de mí. Le remordía la conciencia, supongo. Nunca hablamos de lo que ocurrió, del pasado, de mi madre... no me atrevo a escuchar su verdad. También tengo miedo de lo que pueda decirle yo desde el resentimiento que guardo, porque lo hago. La parte buena de todo esto es que, un día cualquiera, conocí a Oli. Él había tenido todo lo que yo no y aborrecía querer disfrutarlo como hermano y a su vez, odiarlo, por envidia, y no de la sana. Lloraba de impotencia. Gritaba de rencor al verlo tan señorito, con su automóvil brillante, sus ropas de marca, la sonrisa llena... Había sido amado por su padre y yo no, lo demás, fueron excusas. Lo que en realidad me pesaba era el cariño que me faltó y qué él gozó.

—¿Puedo abrazarte? No es por ti, es por mí. Tengo ganas de llorar —le explicó Malu.

Mirco la abrazó con fuerza y le besó la cara varias veces hasta hacerla sonreír.

—Eres una cosa tan hermosa, pequeña. Sigo... Esta es la parte más bonita de mi historia. Un día, Oli y yo nos dimos un par de trompadas. Mi abuelo nos vio. Nos proporcionó un sermón que ni te imaginas y obligados por él, comenzamos a vernos seguido, jugar juntos, compartir a mi abuelo y todas sus enseñanzas, que fueron muchísimas. Te juro que eso fue lo más duro que me tocó vivir, porque él era mío. Él y mi madre eran todo para mí, un tesoro que mi hermano no tenía. Lo único mío, ¿entiendes? Con eso, yo le competía y me sentía ganador. Le pusimos tanto empeño a la relación, que ahora no imagino mi vida sin él. Somos muy compañeros y verdaderos amigos. Sabemos todo del otro, es mi confidente y soy el de él. Si necesito consejos, lo llamo y si tiene que hacerme una crítica, no se frena. Soy igual con él.

—Me encanta escuchar eso y se los ve bien juntos. Me cae muy bien Oliver.

—Se hace querer. Él me convenció para aceptar la propuesta de nuestro padre y unirme a la empresa. Estoy aquí por Oli, no por mi padre.

—¿Te llevas mal con él? —indagó con cara de pena, y Mirco sonrió.

—No. Sí. No —respondió entre risas, imitándola, y ligó un golpecito en el brazo—. Somos diferentes. Buscamos distintas cosas en la vida. Él es perfecto o busca serlo y simula que lo es. Yo no. Me dedico a vivir y disfrutar. Soy imperfecto y me gusta serlo. Mi abuelo me enseñó que los errores son más educativos que los aciertos. Creo eso. Con esa base, conquistar a mi padre es un imposible.

Malu le acarició la cara y lo miró de frente. Necesitaba la respuesta a la pregunta que haría. Esperaba no incomodarlo.

—Una vez escuché que estuviste comprometido. ¿Es cierto?

—Sí, no es un secreto. Rompí el compromiso porque sabía que no sería feliz. También es de esas personas que brillan por donde las mires, es perfección en estado puro, si solo ves la superficie. Quiere rodearse de lo mismo que aparenta y...

—Tú eres imperfecto —interrumpió Malu, con una sonrisa radiante—. Me encanta tu imperfección.

—A mí me encantas tú —le aseguró él.

—Después de comer y responder las preguntas que seguro quieres hacerme, ¿puedo reclamar yo la parte de los *derechos*? —quiso saber, haciéndole cosquillas.

22

El capitán y la animadora

Mirco acercó a Manuela a su apartamento. No quería que anduviese con ese sensual disfraz por ahí. Esa había sido la excusa para poder pasar más tiempo juntos.

Ella no se había negado y ahí estaban, admirando la pequeñez del espacio y vistiendo ropa decente, porque él tenía una muda en el coche.

—Es bonito —señaló Mirco.

—A mí me gusta. Es lo que importa, ¿no? Tengo todo lo que necesito y estoy cerca de la empresa —ratificó Malu.

—Cuando me invites a dormir, sin compromiso, traeré comida, porque en ese mínimo espacio es imposible cocinar —bromeó él.

—En eso tienes razón. Es muy incómodo. Suelo cocinar en la casa de mi madre y traerme todo hecho.

—Me divierte lo de la familia M. Es original —mencionó Mirco.

Habían conversado al respecto también, antes y después de volver a enredarse en la cama y en el sillón, en la habitación del hotel.

—Quizá, un día pertenezcas a ella, *amigo con derechos*.

—No tengo problemas con anunciar esto como un romance apasionado y convertirme en el novio de la hija de en medio. Eres tú quien propuso el silencio y el ocultamiento de esto que tenemos —le aseguró Mirco abrazándola.

—Deja de contradecirme, marearme y provocar que tenga ideas arriesgadas —pidió ella, un poco en broma y otro, en serio—. Mirco, ser adulto apesta y yo necesito trabajar para mantenerme. No tengo idea de si tu padre aceptará este romance apasionado con la hija de en medio, ¿entiendes?

—Perfectamente, pequeña. Lo solucionaremos pronto. Ahora, cuéntame sobre tus otros novios.

—Fin de la historia —expuso Malu, y se dejó caer sobre el sofá de la sala-comedor-recibidor-cocina integrada.

Había acomodado los muebles de manera tal que entrasen todos y el espacio rindiera, aunque fuese chico.

—Chiquilla mentirosa —murmuró Mirco, y se ubicó a su lado, besándole los labios y acurrucándola contra su costado.

—Me enamoré muchas veces. El amor era tan intenso como la época que vivía. Por ejemplo: a mis trece, amé con ensoñación al panadero; era el hijo del panadero, en realidad. Soñaba con él y hasta me animaba a besarlo, y eso que todavía no había dado mi primer beso. A los quince, me gustó mi compañero de banco y yo le gustaba a su amigo. Me quedé sin el pan y sin la tarta, porque se alejaron de mí, ambos. Un par de años después, me maravillé con el capitán del equipo de fútbol. Tenía oportunidad con él por ser la jefa de las animadoras. Ya sabes, lo dicen los clichés.

—Ah, claro, lo de los libros. Eso va a misa —aseguró Mirco sonriente.

—No todo. Me estoy desengañando con esas autoras mentirosas. Juegan con nuestros sentimientos.

—¿Qué pasó con el capitán? —le preguntó para volverla al tema importante.

—Salió del clóset ese mismo año —respondió ella sin titubeos.

—Una putada.

—¡Lo que lloré! Tengo un problema, Mirco, si algo se me rebela, no puedo soltarlo. Seguí prendada de ese chico hasta que conocí a otro: «el innombrable». Claro que tuve ligues y di ese primer beso con el que había soñado, y hasta entregué mi virginidad a un idiota, pero mi amor por «el innombrable» me impidió tener novios de verdad.

Mirco elevó una ceja y la miró extrañado.

189

Ella hizo un gesto como no creyendo por qué él no entendía que así se denominaban a los personajes que hacían daño de alguna manera. Era una obviedad, estaba muy claro el concepto, aunque se había tomado la licencia de cambiarlo por «clavo», el significado seguía siendo el mismo.

Al verlo con gesto de no llegar a ninguna conclusión, tuvo que agregar datos:

—Es el novio de mi mejor amiga.

A ver si con eso se daba cuenta y comprendía el porqué del mote que le había puesto.

—¡¿Te enamoraste del novio de tu amiga?! Manuela, eso no se hace —sentenció Mirco antes de soltar la carcajada.

—No me juzgues y deja de reírte de mí. No era el novio cuando me enamoré y con ella tenía una linda amistad, sí. Una que se fue atenuando hace un par de años, desde que se fuera de la ciudad. No ha llamado ni una vez.

—Casi le robas el novio, ¿no será por eso? —bromeó Mirco.

—No lo sé. Nunca le conté y él tampoco lo supo jamás. El hecho es que yo seguí enamorada de este chico hasta que te conocí, primero como mi *enemie*, luego como mi *crush*, y ya casi no me siento mal al recordarlo ahora que tenemos este romance secreto de oficina y somos *amigos con derechos*.

—Madre mía, tenemos una historia larguísima en apenas unas pocas semanas. ¡Somos muy intensos!

—exclamó Mirco, poniéndose de pie y alejándose todo lo que podía en ese reducido salón.

Su seriedad se veía en la mirada, ella lo descubrió al instante.

—¿Qué pasa? ¿Qué dije? ¡Mirco! —exclamó.

—No quiero presionarte, Malu. Me gustas mucho, aunque, si todavía tienes a ese chico en tu cabeza o corazón o qué se yo, puedo esperar a que te aclares.

—Gracias. ¿De verdad que puedes? —quiso saber.

—Por supuesto, pequeña. No quiero molestarte ni que me odies por pesado.

Manuela perdió la mirada en un punto de la pared y se mantuvo en silencio.

Mirco la observó imaginando lo peor. No había pensado jamás que ella estuviese sufriendo por un amor no correspondido.

Cuando él había vivido algo similar, apenas comía y su carácter pasó a ser bastante amargado y hasta gruñón.

Ella podía ser muchas cosas, pero amargada no era. De cualquier manera, tampoco era como todo el mundo y bien podía sufrir haciendo bromas y colgada de una nube de fantasías brillantes y coloridas.

—Te dejo sola, creo que tienes cosas que pensar —dijo.

—No, no tengo nada que pensar. Ya lo hice. Acabo de hacerlo —aseguró ella.

—Malu, no puedes resolver años de amor imposible en un minuto.

—Es broma, ruso. Desde que te conocí, no puedo pensar en nada más que en tu cara bonita —explicó, y se tiró, literalmente, a los brazos de su adonis preferido.

—No me mientas, pequeña. Soy un tipo sensible, y no, esto no es broma. Además, de verdad me gustas mucho.

—No te pongas tan serio, que me asustas. Me gustas mucho también y comprendí lo que todos me decían a diario: ese amor era inventado por la misma ausencia del sujeto y la imposibilidad de ser real —murmuró, rozando los labios masculinos con provocación—. Soy muy fantasiosa.

—¿De verdad? No me había dado cuenta.

Ambos rieron y se besaron abrazados en el medio del salón.

Mirco apostó a Malu, como ella lo había hecho también. Se creían, fueron sinceros y no daban vueltas alrededor de nada. Lo que sentían parecía tan natural, tan posible y real que se les hizo imposible dudar de ello.

Ninguno de los dos había sido tan abierto con desconocidos como lo estaban siendo entre ellos. Y por supuesto, que todavía eran un par de desconocidos descubriéndose de la manera más bonita que podía existir; enamorándose poco a poco, entre secretos, besos y deseo.

—Fui el capitán de mi equipo de fútbol —contó él, todavía con la boca apoyada en la de ella y con las manos apretándole el trasero—. ¿Quieres ser mi animadora?

—¡Ay, madre! ¿Sabes cuánto me gusta ese tópico? Es

mi preferido en el romance juvenil. ¿De verdad quieres que sea tu animadora? Debemos encerrarnos en el dormitorio de mi casa, la de mis padres, y practicar sexo oral. ¿Te animas a entrar por la ventana de mi habitación? Es una casa de una sola planta, no te romperás los huesos.

—Tú sabes que estás un poquito loca, ¿no? Esa es una de tus grandes virtudes y por eso, creo que me enamoraré de ti hasta el tuétano. Pásame la dirección de la casa de tus padres. ¿Cuándo es la cita? —le preguntó Mirco.

—Ay, capitán, la de puntos que has ganado. Tantos que puedes verme las tetas por un minuto —anunció, y se levantó la camiseta junto con el sostén que llevaba puestos.

En su adolescencia, eso era un premio gordo.

La risa de Mirco despertó a la vecina de al lado.

El amigo de mi hermano

Todavía estaban riendo como niños cuando el timbre sonó.

—Debe ser mi hermano. Hoy cuido a mi sobrino y viene a traerlo. ¿Te molestaría conocerlo? Es que se quedan un rato a conversar y a tomarme el pelo —anunció, poniendo los ojos en blanco—. Es el mayor, ya sabes cómo es eso.

—Si no te molesta a ti que lo conozca, yo, encantado, me quedo.

Manuela sonrió bonito y le besó los labios.

—Eres tan lindo, capitán.

—¿Qué pasó con lo de ruso?

—No me líes, Mirco. Todo depende del contexto. Es algo que no entenderás. No lo intentes.

Y no, no lo haría.

Él ya había desistido de seguirle el ritmo.

—¡Tía! —gritó el pequeño Milton, entrando al apartamento sin mirar a nadie más que a Malu. Una vez que estuvo en brazos de su tía y giró la cabeza, se encontró con un rubio alto y de ojos celestes que sonreía mucho—. ¿Este quién es?

—¡Milton! —lo regañó la madre.

Ella y Mateo permanecían a la espera de ser presentados. Tenían la vaga idea de saber que ese hombre era el del *age gap*.

—Es mi amigo. Mirco, te presento a Milton, mi sobrino.

—Mucho gusto. Tenemos un nombre muy parecido. Encantado de conocerlos —dijo después, tendiéndole la mano a la pareja.

Los adultos se saludaron y las mujeres se alejaron para preparar un poco de café.

—Igual, parece más joven. Tiene un cuerpazo. ¡Es guapísimo, cuñada! —expuso la madre del niño.

—¿Me lo dices a mí? Me tiene babeando. En la fiesta iba disfrazado de policía. Casi me da algo cuando lo vi —le contó entre murmullos.

—Y es simpático. Mira como lo estudia Milton —indicó la mujer, espiando a los hombres y a su hijo.

Con el café servido, ambas mujeres se acercaron y se

ubicaron en unas sillas libres.

—Yo te conozco de algún lado —aseguró Mateo—. Tú estabas en la reunión de gerencia el otro día. Soy arquitecto en R.T. Construcciones.

—Perdona, no te recuerdo, pero sí, era yo. Ese día andaba muy concentrado en lo que tenía que decir y no reparé en los presentes —informó Mirco.

—¿Cómo van las conversaciones? —preguntó Mateo, bebiendo su café.

—No consigo la reunión con Ron Taborda. Tengo agendadas un par, pero ninguna con él. Y me temo que es quien frena todo. Sin la aprobación del dueño, nada se concluirá.

—Ron es un hombre trabajador, sin estudios y con mucha habilidad para los negocios, que llegó a tener una empresa enorme partiendo de una que era familiar y mal administrada. Sus conocimientos son nulos para semejante infraestructura y sus hijos quieren vivir de lo que les gusta, no de la construcción —le contó el arquitecto.

—Mateo, necesito esa reunión. ¿Qué posibilidades tienes de convencer a Taborda? —preguntó ansioso.

—Me escucha. Creo que puedo intentarlo. No te asustes si me pide participar. No tengo ni idea de números y sociedades, pero se apoya mucho en mí.

—Dame tú número y mantengámonos en contacto. No quiero comprometerte. Puedes negarte —aclaró Mirco, con seriedad, al darse cuenta del compromiso en el que enredaba al hermano de Manuela.

—Quiero que Ron acepte esta propuesta para que deje de hacerse problemas. Ya tiene temas cardíacos complicados y la tensión se le descontrola más seguido. Necesita disfrutar de lo que ha conseguido. Te apoyo en esto, *cuñado*.

—Mateo —murmuró la esposa, reprendiéndolo un poco.

La voz de Mateo había sonado divertida, aun así, ella no quería incomodar a Manuela.

—Calzonazos —agregó la hermana del nombrado, y recibió una mirada cargada de dardos envenenados.

«Ahí lo tienes, haciéndose amigo de tu hermano. Me va a enamorar. Me va a dejar inservible para otros hombres» pensó, y sonrió.

Adoraba leer esa frase.

Aunque, más adoraba sentirse así, como lo que decían las palabras: inservible para otros hombres que no fuesen Mirco Ivanov Miller.

Justo él la miró a los ojos y le guiñó uno. Se derritió un poquito y le dio vergüenza.

Mateo no hacía más que observarla con una mueca de ironía que le conocía demasiado bien.

—Me contó mi hermana que tienes dos hijos —mencionó.

—¿Yo? Yo no tengo hijos. ¿Malu? —preguntó con curiosidad.

Su chica fabricaba enredos por segundos y suponía que lo había metido en uno sin pedirle permiso.

«La que has liado por mentirosa», se dijo ella en silencio.

—Supongo que tampoco estás en pleno divorcio y discutiendo por la tenencia de los niños —agregó Mateo, con la vista clavada en su hermana.

—¿Malu? —repitió Mirco.

Por dentro estaba sonriendo ante la sorpresa y contrariedad que veía reflejadas en esa preciosa cara, aunque no dejaría pasar el engaño que podía poner la relación en problemas, al menos, dentro de la familia de ella.

Ya tenían bastante con la diferencia de edad, y con ser empleada y jefe. Ninguna de las dos realidades le pesaban o lo frenaban en particular, aunque las reconociera. Sabía que podían ser un escollo a la hora de blanquear un noviazgo que nacería en breve, pero no le preocupaban.

Él lo haría real.

Tendrían un maravilloso romance.

—La culpa es de mi madre. Es chismosa y anda hablando del *nuevo novio de la nena* en el barrio, ruso, y quedamos en que tendríamos… ya sabes.

—Otra vez soy «ruso» —murmuró más divertido todavía.

—Deberías ser «jefe» en esta conversación —aclaró, para distraerlo un poco.

—Descuida. Sabía que no eras casado o padre. Quería darle un escarmiento a la mentirosa esta, que no mide consecuencias. ¡A mamá casi le da un infarto, Malu! No te quería en medio de un problema tan grande. Y papá pensó en pedirte que volvieses a casa para que no tuvieses que trabajar más en la compañía —explicó Mateo.

—Vaya, Manuela, eso no se hace —sumó Mirco. Más para molestarla que para regañarla.

—Dejen de reprenderme como si fuese una niña. ¿¡Son «amiguitos» ahora!? —bramó Manuela, visiblemente molesta.

—No te enojes —pidió Mirco, afligido.

—Déjala. Le encanta el drama. En dos segundos se olvidará de todo —aclaró Mateo.

—¿Cómo se llaman tus niños? —preguntó Milton, sin levantar la mirada de su dibujo.

—No pintes la mesa, hijo —rogó su madre.

—No tengo niños, pero sí sobrinos —respondió Mirco.

—¿Cómo se llaman? —insistió el pequeño.

—Tampoco el sillón, hijo —suplicó la madre.

—Colin y Axel. Son un poco mayores que tú, pero no tanto —agregó el novio, intentando ser indiferente a los ruegos maternos.

—¿Quieren que pidamos algo de comer? —preguntó Malu, volviendo del baño.

—Te lo dije —susurró Mateo.

Mirco sonrió, mirándola, y ella le devolvió la mirada.

—¿Qué? —le preguntó.

—Nada —respondió él, aliviado porque no estuviese enfadada con él.

—Nosotros nos vamos. No pidas nada. Comeremos antes del cine —aseguró Mateo.

—Tú también te vas, ¿no? —quiso saber el niño, y miró fijo a Mirco, para que no le quedaran dudas de que la pregunta iba dirigida a él y era más bien una orden camuflada.

24

Problemas padre/hijo

Mirco fue directo a la casona de su padre, una vez que se despidió de Malu y el pequeño.

No recordaba haber tenido jamás un impulso semejante. Nunca había experimentado la imperiosa necesidad de ser escuchado por la persona que representaba tantas cosas ambiguas en su vida. Mucho de lo malo y parte de lo bueno, en su realidad, tenían que ver con el señor Miller. Ese hombre que apareció un día, siendo él ya un adolescente un tanto rebelde y enojado, el señor con dinero y trajes caros que lo miraba con soberbia y le decía que sí a todo, sin importar cuanto de locura o transgresión tuviese su solicitud. Ese que en la actualidad le refutaba y criticaba todo. El mismo personaje que había desaparecido cuando era un niño cariñoso y urgido de una figura paterna ausente.

Su madre, por fin, le confirmó su perdón. Ya habían pasado varios días de eso, aunque él necesitó de ese tiempo para hacerse con la idea de enfrentarlo.

Mirco le debía todo a esa mujer luchadora y sincera, todo. Tan leal era para con ella que su promesa, la primera de muchas que llegaron después, había sido no tener una seria y franca conversación con su padre hasta que no supiera que Gala Ivanov lo había perdonado.

Sabía que no era una promesa sana, coherente o racional, no obstante, su nobleza no le permitía intentar acercarse y entender al hombre que alimentó el dolor y las lágrimas en su progenitora. Él la había escuchado noche tras noches hipando y rogando un olvido que tardó más de lo necesario en llegar.

Gala había amado con intensidad a Miller y ese dolor había traspasado al cuerpo de su pequeño hijo. Este, aun siendo adulto, no podía olvidar que su angustia lo encontraba vomitando de impotencia cada vez que su madre agotaba las cajas de pañuelos de papel, también, noche tras noche.

—*Es hora de dejar ir todo lo malo y concentrarse en lo bueno* —*había dicho Gala, hacía algunos días, acariciando el rostro de su hijo.*
—*¿Tú lo harás?*

—Ya lo hice, Mirco. Verte convertido en un hombre hecho y derecho me hace pensar que no todo es reprochable. Tienes mucho en la vida, solo te falta el perdón a quien erró y no supo hacerlo mejor. Fue un canalla, sí, lo sé y no lo niego, ¿pero no todos lo somos alguna vez?

—No, no todos somos canallas, mamá.

—Pregúntale a Loretta si no lo has sido con ella. ¿Qué crees que responderá? Todo tiene sus puntos de vista y aprendí a entender que tu padre tenía el propio.

—Un punto de vista viciado por una esposa egoísta.

—Desde nuestra perspectiva, sí, puede ser. Esa mujer fue engañada tanto o más que yo.

—¡Ay, por favor, no vengas a defenderla!

—No lo hago, Mirco, no me malinterpretes. Aun así, creo que tuvo que sufrir mucho.

—Supongo, igual, no puedo entender que traslade su odio hacia mí, mamá.

—No quiero hablar de ellos, quiero hablar de nosotros. Tu padre llamó y pretende tener una conversación contigo, una de verdad. Dice que no le permites acercarse. Les haría bien.

—¿Lo has perdonado?, por todo, por cada cosa que nos hizo y por mentirte con lo de su separación para tenerte dispuesta a esperarlo. Por desaparecer cuando lo necesitabas…, por todo, madre. Quiero escucharte.

—Sí. Te tengo gracias a él y no imagino mi vida sin mi chiquito. Además, quiero que sepas que, habiendo conocido el amor embustero y caprichoso, hoy puedo decir que estoy *enamorada sanamente de un hombre que me quiere de la misma manera y no me miente.*

—Lo de chiquito te lo dejo pasar, pero lo de estar enamorada, no.

—No te quise decir nada hasta no estar segura de mis sentimientos y los de él. Quiere conocerte y ansío que lo conozcas, por supuesto. Tu padre ya es una historia pasada, que supe amortizar, y el perdón llegó sin exigírmelo. Incluso, me perdoné a mí misma por creer en él y por haber caído en las redes de un hombre casado, lastimando a gente que no debía lastimar. Ahora es tu turno, Mirco. No dejes que el rencor te alimente y te aleje de tu padre.

Recordando la conversación con Gala, llegó a destino. Tocó el timbre y esperó. Fue la empleada quien abrió y él prefirió esperar fuera de la casa hasta que su padre le diese permiso para ingresar. Sabía que la esposa de este no lo quería ahí.

—Hijo, bienvenido.

—Nos debemos una charla, ¿no? ¿Estás ocupado? —quiso saber.

Se apuró para no arrepentirse de haberse presentado sin avisar.

—No, pasa, pasa —pidió su padre.

Mirco lo hizo con precaución. No quería escuchar los gritos de la mujer que lo miraba siempre con desprecio.

—No está. Y si estuviese, no permitiría sus ofensas

hacia ti en mi casa. Toma asiento. ¿Qué quieres tomar?

—Café está bien.

Vio a su padre caminar hasta la cocina y volver con la mirada iluminada y una sonrisa que le había visto poco.

—Gala habló contigo, veo.

—Algo así. Antes de venir a verte, yo necesitaba estar seguro de no lastimarla a ella. Si tengo que elegir...

—No hace falta que lo expliques. Te entiendo —aseguró Miller.

—Te escucho, padre.

Miller hizo silencio un instante y se puso cómodo, todo lo cómodo que podía estar frente a su hijo menor, a quien le había fallado tanto.

—Mirco, hace unos años, gracias a verte en compañía de tu hermano, entendí que me perdí una parte importante de tu vida y aunque quiera, no puedo recuperarla. No sé cómo acercarme a ti y cuando lo hago, desde mi torpeza, te incito y prejuzgo. No sé cómo llegarte, no sé cómo hablarte ni cómo disculparme por el daño que te he causado. Te estuve provocando con la intención de que cedieras y que tuviésemos una pelea de esas que blanquean problemas y que gritan verdades.

—No soy así —aseguró el hijo.

—Ya veo. En eso también me equivoqué.

—Reconozco que tampoco te he permitido acercarte —afirmó Mirco, casi en susurros—. Y no me arrepiento de eso. Me avergüenza reconocerlo, padre, pero no estaba preparado para escucharte ni perdonarte o intentar entenderte siquiera.

—¿Llegará ese día?

—Mi madre lo hizo y siguió adelante, yo lo haré, seguro que sí. Supongo que, a partir de ahora, todo mejorará. No depende solo de mí. Tendrás que poner de tu parte y dejar de juzgar mi vida, rezongar por todo lo que soy o crees que soy, y reconocer que mi juventud fue lo que fue y la disfruté. Me tomo el trabajo con mucha responsabilidad. Mi aspecto en general y cabello, en particular, son temas que no te incumben. Tampoco lo son las mujeres que pasan por mi vida. ¡Tengo treinta y seis años!

—Entiendo. Haré borrón y cuenta nueva. Te lo prometo.

Ambos hombres se midieron con la mirada, despojando el rencor, el pasado, los enojos y prejuicios.

Miller padre tenía un nudo en la garganta. Había deseado mucho tener esa conversación, quizá, esperaba más demandas y explicaciones, más discusiones o enfrentamientos de algún tipo. No se estaba dando así, por el contrario. Le gustaba su hijo y le daría la libertad de elegir de qué forma reconstruirían una relación que él mismo ya creía que nunca llegarían a tener. Por su propia responsabilidad, eso no lo dudaba.

Mirco inspiró profundo y tomó coraje. Necesitaba decir las siguientes palabras:

—Espero que esto que tengo que anunciarte no sea un nuevo problema entre tú y yo: estoy saliendo con una empleada de la compañía. Vamos en serio y ella no quiere perder el empleo.

—No es un problema para mí si no lo es para ti —expresó con seguridad el hombre mayor—. Si no interfiere en… Supongo que sabrán manejarlo.

Con tal de sentir que, por fin, bajaba la guardia con él y le permitía acercarse, el viejo Miller aceptaría lo que fuese.

Mirco dudó un poco de esa afirmación tan rotunda, aunque no la discutió. Ya llegaría el momento de presentarlos y ver qué tan cierta era tal aseveración.

—Con respecto a lo económico, sigo en la misma postura. No necesito tu dinero. Me formé solo y seguiré así. Gracias por lo que has aportado mientras fui menor de edad, con eso estudié y costeé mis primeras rentas, y por aquellos caprichos tontos que te hice pagar por rebelde y para llamar tu atención.

—Eres mi hijo, no tienes nada que agradecer —determinó el hombre.

—Demuéstramelo de otra manera, padre. Sé que tenemos mucho más que aclarar, pero necesito tiempo. No es grato para mí todo lo que siento, entre otras cosas, culpa y, tal vez, algo de arrepentimiento por ser tan duro.

Mirco se puso de pie y Miller lo imitó, acercándose un poco. Se miraron por largos segundos más y fue el hombre mayor quien sonrió primero. Se notaba en su rostro una sensación de alivio que también sentía Mirco.

Miller extendió los brazos y tomó los hombros anchos de su hijo, lo acercó y se fundieron en un abrazo que gritaba perdón y demandaba amor.

El empresario calló su secreto mejor guardado, porque no era el momento de divulgarlo: Las acciones de la empresa a nombre de Mirco seguían convirtiéndolo en un hombre rico y él no lo sabía. Como tampoco sabía que ya figuraba en su testamento, en las mismas condiciones que su primogénito. Le pesara a quien le pesara, era su hijo, y lo había hecho todo mal con él, por orgullo, por confusión, por frivolidad, por no querer enfrentarse a su esposa y a la sociedad... Se lo debía. Si era con dinero con lo que podía pagarle tantas faltas, con eso le pagaría, al menos, hasta poder lograr una relación un poco más cercana y fraternal con la que redimirse por fin.

Mirco se secó esa lágrima antojadiza que bajó por su mejilla y encendió el coche.

—*Te quiero, hijo, aunque no sepa decirlo o demostrarlo. Te quiero, no lo dudes* —le había susurrado el hermético y perfecto señor Miller.

Con eso, se sentía resarcido. Sabía lo que le había costado a su padre decir esas simples palabras.

Tocaba trabajar su parte para devolver ese cariño con sinceridad y sin rencor.

Tomó el móvil y marcó el número de Malu.

—Capitán, ¿no me digas que ya me extrañas? —preguntó ella al atender la llamada.

—Para nada. Solo quería reclamarte la dirección de la casa de tus padres. Me quedé con ganas de verte las tetas un rato más y eso del sexo oral, me sonó a promesa.

—Eres un atrevido, lo sabías, ¿no?

—¡Mira quién lo dice! ¿Quieres venir a dormir a mi apartamento? —después de preguntar, cruzó los dedos.

La necesitaba esa noche. Ella lo ponía de muy buen humor y lo hacía sonreír.

—Espera que le pregunto a mi padre —bromeó Malu, y Mirco soltó la carcajada—. Pásame la dirección. ¿Estás bien? Tu voz suena rara.

—Estoy muy bien y quiero festejar contigo el sentirme así. Es raro, pero quiero hacerlo. Me estoy encaprichando contigo —dijo, con un tono entre sincero y jocoso que Malu interpretó de inmediato.

Ella tampoco se animaba a hablar en serio de todos esos nuevos sentimientos revoltosos que tenía. Podía entenderlo a la perfección.

—Y yo contigo. Del capricho al amor hay un solo paso, me duele decírtelo sin anestesia, capitán.

—Eso me tiene acojonado, pequeña. Te tengo un poco de miedo, lo reconozco. Te espero. No tardes.

25

El piso de soltero

Malu llegó a la entrada principal del moderno edificio una hora después de la llamada, minuto más o minuto menos.

Levantó la cabeza, abarcando todos los pisos con la vista, y suspiró.

«Dilo», rogó su yo interior. Ella lo ignoró.

Tocó el timbre para anunciarse y la voz de Mirco sonó por el pequeño parlante:

—Sube, pequeña.

Malu sonrió a lo que suponía era una cámara y empujó la puerta de cristal. Un hombre mayor, vestido con uniforme oscuro de conserje, la saludó con cordialidad y apretó el botón del elevador por ella.

—El señor Ivanov la espera, señorita.

—Gracias —dijo, no muy sorprendida, la verdad.

Apretó el número del piso que Mirco le había indicado, el último, claro.

«Dilo», volvió a escuchar en su cabeza, como un eco molesto e insistente.

Lo ignoró otra vez.

La música funcional del elevador le revelaba, además de la fachada y la presencia del buen señor que había detrás del pequeño mostrador de entrada, que era un edificio de categoría. La zona de la ciudad donde estaba ubicado también ponía en evidencia ese pequeño detalle. En realidad, todo lo hacía. No se había extrañado demasiado, siendo un Miller o hijo de uno, no le hacía esperar menos.

Las puertas se abrieron y un pasillo corto, decorado con una mesa de cristal y acero, un cuadro moderno, una planta artificial y un par de sillas de estilo la recibieron. Solo había una puerta de madera oscura.

«Dilo, por favor».

No hizo falta que golpease la puerta, Mirco abrió antes, como si estuviese esperándola con ansiedad.

—Hola —murmuró él.

Al verla, olvidó todo lo que había pensado en decir o hacer. Su mente dejaba de funcionar cuando ella aparecía y nunca había sido torpe o dubitativo con las mujeres.

—Estás preciosa —agregó, sin soltar el borde de la puerta ni moverse ni un milímetro.

—Gracias. ¿Puedo pasar? —preguntó ella.

Un poco de vergüenza sentía al descubrir que el vestido, corto y ajustado, que se había puesto para seducirlo, había hecho su trabajo. Se sentía cohibida, aunque segura de sí misma y eso solo lo lograba la intensa mirada celeste que le producía unos escalofríos deliciosos.

—Pasa, pasa —respondió Mirco, y olfateó el riquísimo perfume que le rozó la nariz—. Voy a mirarte de arriba abajo, ¿lo sabes?

—Si tenía dudas, acabas de quitármelas.

—Dame un beso, pequeña —rogó después de cumplir su palabra, y le tomó la mano para que no se alejase demasiado de su cuerpo.

Manuela escuchó que la puerta se cerraba de un golpe y luego se sintió atrapada por el hombre que le parecía estar tan *bien hecho*.

Todo de él le gustaba, era perfecto.

Las manos le tomaron la cintura para mantenerla pegada a él y la abrazó, sin dejar de mirarla ni un segundo.

A ella le parecía imposible no fijarse en la boca de Mirco cuando se acercaba tanto a la suya, con esa lentitud que paralizaba el mundo que la rodeaba.

Suspiró al sentir el contacto de los labios masculinos y las piernas se le aflojaron un poco.

Fueron segundos, quizá, minutos, que le supieron a gloria.

—Besas muy bonito, capitán —balbuceó, aún con los ojos cerrados.

—Me inspiras, pequeña, ya lo sabes. Pongámonos cómodos. ¿Tomas algo? El vino no te gusta, lo sé. *¿Champagne?*

—Eso sí me gusta.

Malu dio unos pocos pasos, adentrándose en el piso, y silbó asombrada.

—Vaya, jefe.

—Ahora soy jefe.

—Pega con el momento —le aseguró.

«Dilo de una vez».

Observó casi sin pestañear las paredes blancas, los cuadros modernos, espejos, muebles de madera clara, tapizados grises, detalles de cristal y acero, el ventanal del suelo al techo que permitía ver la ciudad en su máximo esplendor, la cocina con todos los artefactos impecables (como si no fuesen usados con asiduidad), la alfombra mullida, el televisor de un tamaño descomunal, los otros equipos electrónicos y a él deambulando por el espacio... era tan sexi, tan hermoso, todo en conjunto, impresionaba.

«Dilo o grito».

Mirco le sonrió mientras se acercaba a ella con las dos copas llenas del burbujeante líquido fresco.

—¿Qué te tiene tan contento? —quiso saber Manuela, y tomó asiento en el gran sofá gris. El almohadón se sintió tan suave que hasta pensó que la había engullido como si fuesen las fauces de un gran animal—. ¡Qué placer da sentarse aquí!

—Puedes recostarte si lo deseas —aseveró él, sentándose a su lado—. Me tiene contento haber conversado con mis padres y… Creo que tendría que comenzar por el principio.

Malu, escuchándolo, se sintió inmersa en una de sus novelas. En particular, en esas en que el protagonista masculino cargaba un pasado doloroso y la chica llegaba para rescatarlo y aliviarle el peso de sus problemas. Lo observaba gesticular, sonreír, ponerse serio y hasta ocultar las lágrimas y no podía creer estar viviendo algo parecido.

«¿Es lo único que te parece un puto cliché aquí?», preguntó su vocecita molesta, la misma que intentaba ignorar para no parecer una tonta salida de un pueblo pequeño y anticuado o de la más triste pobreza.

No era el caso y esos clichés no coincidían con ellos.

«Te mueres por decirlo y me ignoras para hacerte la superada», escuchó en su mente inquieta.

—El caso es que mi padre y yo pudimos entendernos. Me hace bien haberme sincerado con él, después de tantos años —comentó Mirco, emocionado.

—Me alegro muchísimo, ruso, de verdad. Y lo del novio de tu madre es, ¡guau!, ¿cierto? ¿No te intriga saber quién es?

—Mucho. Conociendo a mi madre, sé que me lo presentará en breve. ¿Quieres que pidamos algo para comer?

—No tengo hambre. Comí en la casa de mis padres.

Pasé la tarde allí. Tuve que disculparme por la mentirilla con respecto a «tu divorcio y la tenencia de tus hijos invisibles». Si no tuviese más de veinte años, me hubiesen puesto el castigo de no salir por un mes entero, como a una colegiala.

—Como mi animadora que eres. Menos mal que no te impidieron visitarme. ¿Ya saben que no soy el chico malo del instituto?

Ambos rieron y se miraron con deseo. Todo iba muy bien, pero la necesidad de desnudarse se estaba volviendo urgencia cada vez que se prestaban atención.

Él no quería parecer un depravado que solo pretendía meterla en su cama y ella no quería verse como una cita de esas aplicaciones en las que solo se «iba o lo que se iba».

—Debo pasar al baño —anunció.

—Esa puerta de allí es para los invitados —señaló Mirco, y tomó las copas para volver a llenarlas mientras la esperaba.

El aseo era una maravilla. Se había quedado sin palabras. Si ese era el de invitados, no quería imaginar cómo sería el privado.

Cerró la puerta y bajó los párpados. No le apetecía mirarse al espejo. Su yo interior aparecería allí y no quería darle las de ganar.

No se resistió.

Allí estaba Manuela, sonriendo, emocionada, con la mirada brillante, cara de enamorada y el cuerpo acalorado.

«Di-lo de u-na pu-ta vez», sentenció esa Manuela, la que se reflejaba en el espejo, entusiasmada porque sabía que por fin lo reconocería en voz alta.

Elevó una ceja y se provocó a sí misma.

«Sigo esperando».

—¡Es el característico piso de soltero! ¡Es como el de todos los solteros de los libros que viven en New York o Seattle!

«Por fin... Creí que no lo dirías. ¡Qué susto me has dado!».

—¿Debería llamar a Tori para contarle? No, mejor hago pis y vuelvo con mi ruso.

26

Aunque no fue instalove

Mirco estaba nervioso. Había experimentado una sensación rara al salir de la casa de su padre: una urgencia enorme por compartir sus emociones con Malu, que le llamó la atención. No lo sentía como algo negativo, por el contrario, lo veía reconfortante.

Nunca imaginó hablar con ella de esa intimidad tan bien cuidada como lo era la complicada relación con su progenitor, compartida solo con su madre y hermano, no obstante, quería hacerlo con la *loca linda* que le llenaba las horas de alegría e ilusión.

Verla tan concentrada escuchándolo y gesticulando con asombro cada vez que algo le intrigaba o confundía lo hacía tomar conciencia de cuánto le gustaba compartir su realidad, y todo lo bueno y lo malo que le pasara, con alguien como ella.

No, alguien como ella no, ELLA.

Esa mujer tenía la mirada limpia, la mente abierta, el corazón sano y los sentimientos dispuestos. Él tomaría todo eso para amoldarlo y hacerlo suyo, disfrutarlo, vivirlo intensamente todo el tiempo que durase, devolviéndoselo en la misma medida.

Estaba dispuesto a sorprenderla, a enamorarla y enamorarse. No le importaba la diferencia de edad, no le afectaba que fuese una empleada, tampoco que le hubiese hablado de un amor platónico que podía ponerle las cosas más complicadas. No quería pensar en nada más que en ella y su compañía, en la diversión que le otorgaba a sus días y en las ganas de verla que experimentaba cada vez que la tenía lejos.

Malu estaba más o menos en las mismas. Aunque, lo suyo se percibía más visceral y la mareaba un poco la novedad. Observar a ese rubio precioso le daba cosquillas en el estómago. Ella sabía, porque lo había leído, que las mariposas anidaban allí y revoloteaban cuando comenzaban a enamorarse, por eso no la sorprendía el detalle. Lo que la tenía exasperada era que esos ojos celestes la pusieran a mil con una sola ojeada y que no pudiera dejar de pensar en la noche que habían pasado en el hotel.

También la incomodaba la imposibilidad de razonar

sin que entorpeciera su vocecita interna, reprimiéndole la capacidad de descifrar si algo de lo que hacía estaba mal, si alguna de las tantas diferencias que había entre ellos podía ser un impedimento o si la relación iba demasiado deprisa.

Se lavó las manos con el jabón líquido que parecía más un perfume francés, por lo bien que olía, y se secó con la toalla más suave que usó alguna vez.

«¡Tampoco la tontería, nena! Es solo una toalla», se dijo.

«Qué jodida eres. No te soporto», protestó en silencio.

—Ruso, tu apartamento es precioso —señaló cuando lo tuvo cerca.

—Gracias. Es alquilado.

«Vaya fiasco».

«¡Cállate!».

—Pensé que era tuyo.

—No lo es. Me gusta mucho, pero mi propósito es tener una casa bonita con jardín y piscina en las afueras de la ciudad. Amo poder respirar aire limpio a diario. Ya podré comprarla, no tengo apuro.

Malu guardó silencio. No vio apropiado preguntar cómo podía ser posible que no tuviese una casa como la que quería siendo hijo de quien era.

Mirco no tenía ganas de seguir hablando de su padre ni de su piso, solo quería tenerla en sus brazos otra vez.

—Estás preciosa, pequeña. Ese vestido es infernal.

—También estás muy guapo. ¿Te has vestido para provocarme? —jugueteó Malu.

—Puede que sí. Relátame una escena como las de esas novelas pornográficas que lees —solicitó Mirco, haciendo a un lado el libro que se había escapado de la bolsa de su chica bonita.

Malu se dejó abrazar a regañadientes, no porque no quisiera que lo hiciese, sino porque tenía atragantada la frase: «no son pornográficos sino eróticos».

El beso húmedo y la lengua curiosa la distrajeron un poco y olvidó lo que tenía que decir.

—Malu, pequeña, una escena…

—Sí, claro. Deja de incitarme entonces.

—Es la idea: incitarte y que lo hagas con una de esas escenas. Te escucho.

—¿Quieres una sexi o una erótica? Porque no es lo mismo según mi punto de vista.

Mirco sonrió de lado y le acarició los labios.

—Comencemos con la escena sexi —murmuró, mordiéndole el cuello.

—¡Basta! Déjame concentrar —imploró sin éxito—. Imagínate abriéndome la puerta sin esta camiseta que llevas, con el cabello húmedo, unos vaqueros con cinturón de cuero marrón, no negro, y descalzo. ¡Uf! No me dejes cerrar los ojos para no imaginarte.

—Vaya casualidad, mi cinturón es marrón. Imagino que te desnudarías de inmediato, abrazándome para besarme por horas. Cuéntame la erótica, que seguro que es la continuación —pidió, acariciándole el trasero y succionándole el lóbulo de la oreja.

Malu había comenzado a sentir que sus rodillas temblaban y su vientre se contraía. Parecía que las mariposas morirían aplastadas si seguía calentando motores de esa manera.

—Mmm... Ese mismo hombre, tú, despeinándose entre mis piernas o abrazándome desde atrás para meter la mano dentro de mi ropa interior. Así, como estamos nosotros, de pie, en medio del salón y frente al ventanal, sin cerrar las cortinas.

Mirco bufó en el oído de Malu y esta sonrió satisfecha. También sabía provocar.

—Eres una pequeña pervertida, o una pervertida pequeña, da igual —masculló, y la atrajo más contra su cuerpo.

—Es que las escritoras lo son —dijo, y sintió un impulso más fuerte, luego, cayó sentada en el apoyabrazos del sofá—. ¿Qué haces?

—Elijo la primera opción de las escenas eróticas: me voy a despeinar entre tus piernas.

—¡Espera! Tengo que quitarte la camiseta.

—Toda tuya —indicó él, y estiró los brazos acercándose a ella para que pudiese quitársela de un tirón.

Malu no le permitió alejarse y sacó la lengua, teniéndolo todavía atrapado entre sus piernas y brazos, y lo lamió hasta llegar a las tetillas, donde clavó un poco los dientes.

Mirco la miró sin perderse ningún movimiento y negó con la cabeza.

—¿Por qué será que me gustan tanto tus locuras? Me encantas, Malu.

—Creo que somos el uno para el otro, ruso, aunque no haya sido un *instalove*.

—¿Un qué?

—No te distraigas, estabas por despeinarte.

—Cierto. Me pongo a ello —notificó, quitándole la ropa interior de un solo movimiento—. Recuérdame luego que te dé el regalo que tengo para ti.

—¿Tiene motor y ruedas? —quiso saber Malu, y lo preguntó en tono burlón, por eso, él entendió que era una broma.

—No —respondió, elevando la mirada mientras se acomodaba para comenzar a devorarla.

—Ya me lo imaginaba. Es muy pronto. En mis libros, pasa a los pocos meses del noviazgo o cuando se comprometen.

—Esto no es uno de tus libros, pequeña. Abre más las piernas que te lo demuestro. Deja de desconcentrarte.

—Hey, tú lo haces, hablándome de regalos —aclaró, levantándole la cabeza por el cabello para mirarlo a los ojos.

—¡Malu! Estoy intentando darte un orgasmo antes.

Ella comenzó a reír bajito y de pronto, ya no pudo contener las carcajadas. Cerró las piernas y se dejó caer al suelo, riendo hasta sentir las lágrimas en sus ojos.

Mirco no pudo aguantar y acabó igual.

—Vaya mierda de escena erótica la nuestra.

Unos minutos después, cuando ya estaban en control otra vez, se miraron a los ojos, en silencio y con seriedad.

Estaban tendidos en la alfombra, semidesnudos.

El primer movimiento fue de Mirco, que se recostó sobre Malu, sin aplastarla, poniendo sus codos a los costados de la cabeza de la chica que no podía alejar la mirada del masculino y hermoso rostro que tenía a dos centímetros del de ella.

—Eres preciosa y esos ojos grises tuyos, como los de los protagonistas de tus novelas, me tienen hipnotizado.

—Es que soy puro encanto —bromeó, acariciándole la espalda desnuda.

—No lo niego, lo eres. Todos tus atributos son encantadores —murmuró él, bajando una mano para comenzar a acariciarle la pierna y llegar lentamente hacia su desatendido sexo.

—No es broma lo que dije del *instalove*. Quizá, no fue instantánea nuestra afinidad, pero…

—Igual me estoy encaprichando contigo —la interrumpió él.

—Y yo contigo —susurró ella, introduciendo las manos dentro del pantalón y debajo de la ropa interior, para clavar las uñas en el redondo y duro trasero de Mirco—. No quiero desconcentrarte, pero no olvides darme el regalo.

—Cállate —rogó él entre risas, y comenzó a besarla para lograr llevar a cabo su cometido.

Embarazo no deseado

Mirco sonrió al abrir los ojos y ver lo cerca de su cara que estaba el cabello de Malu. Notó que su mano descansaba en la cintura de la chica que lo tenía embobado y apretó el agarre. La pegó contra su cuerpo y se acopló a ella sin impedimentos.

—¡Qué molesto eres! —murmuró ella, en broma, mientras le acariciaba el brazo que la tenía apresada.

—Mi cama, mis reglas —gruñó él antes de morderle el cuello.

No se detuvo, siguió mordiendo y besando por aquí y por allá.

—Me gustaría seguir durmiendo —murmuró Manuela.

—Y a mí me gustaría saber si aceptas mi regalo o no —aclaró Mirco.

Bajó la mano hacia la entrepierna de Malu. La escuchó gemir bajito y sonrió.

Hacía tantísimo tiempo que no disfrutaba de un bonito y excitante «mañanero», que le parecía imposible negárselo. El trasero desnudo de su chica comenzó a refregarse contra su sexo. El roce le provocó una incontrolable urgencia.

Malu cerró los ojos al sentir a Mirco introducirse con lentitud en su cuerpo. Lo disfrutó casi sin emitir sonido. No se atrevía ni a respirar. Los meses de abstinencia no le habían pesado para nada, pero los cambiaba por más mañanas como la que estaba disfrutando, sin duda.

Brazos fuertes apretándola sin cuidado, piernas enredadas, olor a sexo gozado, sábanas húmedas y arrugadas, aliento tibio en su nuca, cabellos enmarañados… ¡Qué delicia!

¡Qué placer!

Volvía a confiar en las escritoras que la habían defraudado unas cuantas veces desde que había conocido al ruso sin mafia, a su *enemie,* al jefe sin apartamento lujoso, al capitán convertido en… ya le pondría el título luego a su incipiente relación amorosa. No obstante, en referencia a la mañana posterior al sexo desenfrenado no se equivocaban. Tampoco a hacer el amor en calma, en ese estado somnoliento del despertar como lo estaban haciendo.

Les enviaría una carta confirmando que sí, que era lo más bonito que se podía vivir en una relación que recién comenzaba.

—Pequeña, ¿aceptarás mi regalo? —insistió Mirco entre jadeos.

—¿Lo podemos hablar luego? —rogó.

Y volvió a mover su trasero un poco más atrás.

¡Qué bien acoplaban!

No podía razonar nada si él se movía así.

Mirco dejó de menear su cadera y le susurró al oído:

—No, no podemos hablarlo después. Si te niegas, tendré que masturbarme bajo la ducha y te dejaría a medias, en represalia.

Malu sonrió.

Él tomó el gesto como un sí.

Aceptaba la llave de su apartamento, lo visitaría seguido, pasarían noches intensas en su cama y eso lo ponía muy contento. Ya tenía una edad en la que sabía lo que quería y la quería a ella. No tenía ninguna duda.

Comenzó a moverse cada vez más aprisa hasta que la escuchó gemir rogando por más, como lo había hecho la noche anterior en un par de oportunidades. Le encantaba oírla y verla así, en ese estado de vulnerabilidad y entrega. Era preciosa y le originaba un sinfín de sensaciones a cuál más placentera.

—¿Entonces? Quiero escucharte. No hablo de tus gemidos de placer, pequeña, que esos también los quiero todos, pero después.

—Sí, sí acepto tu llave y te visitaré seguido —balbuceó Malu, con los ojos cerrados y entre suspiros.

—Ahora sí, nena, gime para mí.

Menos de diez golpes de cadera necesitó Mirco para perder a Malu en la nebulosa del placer compartido.

Esos movimientos enérgicos los dejaron sudados y exhaustos. Él mismo había gruñido su éxtasis en las últimas embestidas.

Tanto le gustaba abrazarla, que no osó alejarse ni un milímetro. Todavía estaba en su interior y mimándola casi sin pestañear.

—¡Qué buen «mañanero»!

Al moverse un poco, para darle algo de espacio a ella, sintió una humedad inusual y fue cuando cayó en la cuenta... Abrió los ojos de golpe y se alejó de Malu abruptamente.

—¡No lo puedo creer!

Ella notó lo mismo y negó con la cabeza. Más en calma que él, se giró y lo enfrentó.

—No me digas, ¿olvidaste el condón?

—¡Mierda, sí! Seguro que no hay cliché para eso. Rompí tus esquemas, pequeña —dijo con gesto contrito, poniéndose la ropa interior, para así buscarle una solución a su torpeza.

—¡No tienes ni idea! —susurró Malu, con los ojos en blanco y cara de resignación, aunque con un dejo de sobrada—. Las opciones que tenemos, según los libros, son dos. La primera es que te digo: «tranquilo, tomo anticonceptivos». Ambos confirmamos que estamos limpios porque, de casualidad, nos hicimos analíticas hace unas semanas y como estabas loquito por mí, no estuviste con nadie después de eso. Lo mío no hace falta aclararlo, vengo con una sequía que hasta vergüenza da.

—¿Cuál es la segunda opción? —quiso saber Mirco.

—Quedar embarazada y complicar la trama de la novela. Estas complicaciones pueden variar dependiendo del tipo de personajes que seamos y las edades, por supuesto, entre otras cosas que puedo enumerar si quieres —dijo, poniéndose de pie para cubrirse con una camiseta usada de su chico, que la miraba con cara de desesperado.

—Dime que tomas pastillas, Malu. —Ella negó con la cabeza e indagó:

—Dime que tienes analíticas recientes, jefe.

—No —respondió Mirco, con precisión.

—Nos tendremos que casar embarazados, ruso.

—Tus padres me matan. El mío… no puedo imaginar lo que diría, te juro que no. Me siento torpe. ¿Qué hacemos? Perdóname, no me di cuenta de lo que hacía.

—No me digas la frase «nunca lo hago sin protección, pero contigo pierdo la cabeza».

—No te la digo si no quieres —rezongó, elevando los hombros.

Ya se había sentado en el borde de la cama. No podía

creer estar viviendo esa situación a su edad. Verla a ella tan tranquila lo ponía más nervioso a él. Parecía no ser capaz de entender los peligros de lo ocurrido. Enfermedades, por su parte, no había. Ella había dicho que hacía mucho que no estaba en pareja y confiaba en esas palabras. Lo del embarazo... La chica le encantaba, creía estar enamorándose de ella incluso, no obstante, seguía siendo demasiado pronto para decisiones como las que estaba planteándose.

«¿Qué estabas pensando cuando no pensaste en nada?». Solo se respondió con la misma pregunta, y negó con la cabeza.

Al verlo tan contrariado y reflexivo, Malu se arrodilló a su lado. Le acarició la cara con cariño.

—Ahora vamos a comprar una pastilla para el día después y anticonceptivos. Los tendremos listos para cuando pueda comenzar a tomarlos. También nos haremos de algunos condones más, por si acaso. Mañana pedimos turnos a nuestros médicos para hacernos análisis de sangre y demás. Problema solucionado.

Malu odiaba el cliché del embarazo no deseado, le parecía tonto y sin fundamentos. La ciencia había avanzado bastante. Existían fármacos que podían solucionar el problema en un abrir y cerrar de ojos. Lo de las enfermedades era otro tema, pero daba la casualidad de que, en sus novelas de embarazos no deseados, nadie se pasaba clamidia, herpes genital,

234

gonorrea…, no, solo se embarazaban.

—Te juro que siempre uso condón. Hace… pasaron varias semanas desde que no estoy con una mujer —le explicó él.

—Ay, Mirco… ¡déjate de tonterías! No necesito que me mientas.

—No es mentira. No estaba atravesando un buen momento. Preferí descansar de encuentros sexuales rápidos y con desconocidas.

—Hasta que me conociste… —agregó con los ojos en blanco.

—Tú lo has dicho, pequeña.

«Eres una perra con suerte, nena. Quitando los de mentira, te aseguro que es el único hombre así en la ciudad. En el país… ¡En el mundo!».

La tercera en discordia

Malu sonrió al ver a su chico entrar al edificio. No correría con esos tacones para llegar a tiempo y subir con él al trasto ese que iba lleno de gente.

Ya lo vería luego.

Quien sí corrió un poco para estirar la mano y evitar que las puertas metálicas se cerraran fue la morena bajita. Pudo advertir la sonrisa sincera de Mirco al verla y alcanzó a ver también el comienzo de un abrazo apretado.

«¿Quién demonios es esa lagarta?», le preguntó su mente corrosiva.

«No comiences a llenarme de dudas».

«Yo no comienzo nada. Ya deberías tener no solo dudas, preguntas también para hacerle al macho alfa ese».

«No es un macho alfa», afirmó para sí misma, y entró

al habitáculo que había vuelto para que ella pudiese subir.

—Toca tu planta—se reprendió al ver su dedo, con vida propia, queriendo apretar el botón que la dirigiría a la de gerencia, donde Mirco tenía el despacho.

«Esa no es tu planta».

—Me equivoqué de número —murmuró, y comenzó a contar en silencio los dígitos iluminados que se sucedían mientras subía, para no agonizar con la ansiedad de la espera.

No entendía qué le pasaba. Estaba nerviosa y furiosa. Un enfado descomunal le obligaba a apretar los puños con fuerza. Las uñas le marcaron las palmas y, aun así, seguía apretando.

«Es el idiota típico de *enemie to lover*. Desestimaste la idea demasiado pronto», se dijo.

—Deja de hacer conjeturas en vano. ¡No! No, no, no. ¡¿Y ahora qué?! —gritó al sentir la sacudida del ascensor y su detención inmediata—. Esto me da miedo.

La cabina se mantenía inmóvil, como su corazón.

«Eso es lo que te parece, pero sigue latiendo. Tranquila que no estás muerta», dijo su vocecita interna que, cuando quería, pocas veces, era tranquilizadora.

«Muerto, necrosado, mejor dicho, va a quedar el pene de tu chico si la explicación de esa sonrisa y ese abrazo no te alcanzan, y las bolas secas también, porque le cortaré las tres cosas», agregó.

Parecía que lo de querer tranquilizarla, a su vocecita, no se le daba muy bien.

—No te pongas agresiva, Manuela —murmuró—. Y cálmate que ya arreglarán este cacharro.

«Toca el botón rojo, es la alarma», se obligó.

—Eres útil si te lo propones. Gracias —volvió a susurrar para sí misma, mientras apretaba el único botón de color que tenía el panel de control.

Una voz masculina le dio un par de indicaciones a través de un pequeño parlante. Le rogó calma y le explicó que un problema con la electricidad había detenido el equipo. Se sintió más tranquila con la compañía del hombre desconocido que le explicaba todo con lujo de detalles con una voz profunda y calma.

Lo prefería más que a la de su propia conciencia, que solo decía tonterías al tiempo que la ponía más nerviosa.

—¡Ay, madre! —exclamó al escuchar un ruido sordo seguido de una nueva sacudida, esa vez, poniendo el aparato nuevamente en funcionamiento.

«Ahora sí, ¡prepárate para cortar un pene y dos bolas!».

—Me vuelves loca. Todo tiene su explicación. Es la prima. Le preguntaremos a Daniela y nos dirá eso, te lo apuesto.

La puerta se abrió y dejá salir el aire retenido o inspiró con profundidad, no podía asegurar cuál de las dos cosas.

—¿Eras tú? Me enteré de alguien atrapado en el *bicho* ese y no sabía quién era. ¡Con lo mal que lo pasaría yo! Creo que sufro de claustrofobia o algo parecido. Me pone nerviosa ver la puerta cerrarse y no me tranquilizo hasta que no se vuelve abrir. Muchas veces, prefiero la escalera.

—Respira, Dani. Estoy bien. No pasó nada —aseguró.

—Sí, lo siento. Es que me puse en tu lugar y... Creo que me va a dar algo, Malu. Necesito un vaso de agua.

—Yo... Ay, Daniela... es que —titubeó Manuela, solo quería entrar a ver a Mirco y pedirle explicaciones.

No, eso no, lo que quería era confirmar que su imaginación era poderosa e inventaba una trama completa con una tonta imagen.

—Me desmayo —musitó la secretaria, poniéndose blanca como un papel.

—No, no te vas a desmayar. Dime dónde está el agua.

—Segunda puerta de ahí. Es una cocinita —indicó Daniela.

Segundos más tarde, ambas mujeres se miraban afirmando con la cabeza. Mientras una preguntaba sin palabras si la otra se sentía mejor, esta confirmaba de la misma manera que sí.

—Tengo pesadillas con quedarme atrapada un día —aclaró Daniela.

—Ya pasó. Estoy bien. Ni me di cuenta —le contó ella.

«Mentirosa».

—¿Necesitabas algo, Malu? Perdona mi tontería, te demoré y tal vez, estabas apurada.

—No, no estaba apurada.

«Mentirosa».

Malu inspiró profundo, para no gritarle a su yo interior

240

que se mantuviese en silencio o, mejor dicho, sin pensar, y suspiró antes de seguir dialogando con la secretaria de su *enemie*, otra vez lo era. Al menos, de momento.

—Necesito hacerle una pregunta a Mirco —le explicó.

—No va a poder ser. Está reunido —reveló Daniela, y giró los ojos. Con un gesto sospechoso miró hacia todos lados y luego se acercó un poco hacia su nueva a amiga—. Está con su ex.

«Vuelve a la cocinita a buscar una cuchilla», exigió su vocecita.

—Su ex —repitió Malu.

Su garganta comenzó a cerrarse y supo que lo que casi nunca sucedía, estaba por suceder: lloraría si no hacía nada por evitarlo.

Contó hasta donde pudo para que esas lágrimas no cayesen, poniéndola en ridículo.

—Sí. Mirco estuvo por casarse hace unos meses, varios meses, casi un año. Loretta no volvió desde que cancelaron el compromiso.

—¿Loretta? —preguntó por preguntar algo.

—Loretta Ricci. Es un encanto de mujer y mi jefe estaba muy enamorado. Nunca se supo qué sucedió. Tal vez, volvieron, no lo sé. Los vi sonrientes al llegar. Juntos —dijo con retintín y guiñándole un ojo, como queriendo dar a entender que habían pasado la noche en una misma casa, y cama, dicho sea de paso.

—Entonces no los interrumpo. A ver si están en plena

reconciliación. Le dices que vine y que no es necesario que me llame. Yo lo busco si no soluciono el problema.

Dio media vuelta y se alejó de la mesa de trabajo de Daniela, también lo hizo del ascensor, prefería bajar por la escalera, por si acaso.

No quería hablar con él, esperaba que entendiera la indirecta y que evitase cualquier contacto con ella. Y no, no haría nada de lo que su vocecita pretendía. No le cortaría nada, no le gritaría tampoco y tiraría la llave por el balcón, no se la devolvería.

—Y de ninguna manera te lo pondré fácil renunciando a mi puesto. Vas a tener que verme la cara, estúpido.

«Menos mal que lo mantuviste en secreto. No pasarás tanta vergüenza, piénsalo. Al final, el padre decía la verdad: es un mujeriego».

Entró a la oficina donde Tori y Paola parloteaban mientras archivaban pilas y pilas de folios. No le hicieron preguntas. Ella disimuló bastante bien su malestar y ganas de llorar.

Se concentró en su propia pila de papeles y se olvidó del mundo, hasta que el teléfono de su escritorio sonó, sobresaltándola.

—Malu, Mirco quiere verte —escuchó al atender la llamada.

—Dani, dile que ya no lo necesito. Solucioné el problema —mintió.

—Dijo que él tiene algo importante que decirte, que

242

subas de inmediato. ¿Has hecho algo malo? —le preguntó preocupada.

—¡¿Yo?! ¡Claro que no! Habrá sido él.

La típica rubia estreñida

Contó hasta cincuenta antes de entrar al cacharro hermético. No pretendía comenzar a temerle a los elevadores. Apretó el botón correspondiente sin pensarlo de más una vez que estuvo dentro.

Se puso a cavilar en su real problema.

No le daría el gusto a Mirco de discutir y para eso, necesitaba estar centrada y convencida.

¡Qué idiota había sido!

No debía ponerse a especular esas tonterías de que no era tan agraciada como para gustarle a un adonis de ojitos celestes. Tampoco en aquella otra que podía convencerla de que, como era el jefe, se creía impune «probando» a las empleadas que se le pusieran a tiro. No se degradaría ella misma engrandeciendo a un tarado que solo miraba bonito, sonreía precioso, tenía los labios hermosos y el rostro perfecto. El cuerpo increíble y aunque su... el... «eso» no fuese gigante hacía bien su trabajo. Y la voz, no olvidaba la voz que le parecía estupenda.

Todo lo que él era le gustaba y había conquistado más que su cuerpo, ya había invadido su romántico corazoncito.

¡Aborrecía reconocerlo!

«Al final, el *clavo oxidado* no nos daba tanto quebradero de cabeza manteniéndose ausente».

«Cállate, te lo pido por favor», exigió en silencio.

—¿Puedo pasar, Daniela? —quiso saber ni bien llegó a destino.

Pretendía hacer de esa conversación un simple trámite.

—Espera que le pregunto. La mujer sigue allí —respondió la secretaria.

—Me voy —sentenció ella, y dio un paso hacia atrás.

—No, no te vayas. Dijo que le avisara cuando llegaras. Salió a buscar café para los dos, le conté que habías venido y me pidió que te llamara de inmediato.

—No pinto nada aquí. Me voy —repitió.

—No me metas en problemas, Malu. Mirco es un buen jefe, pero es «el jefe» y si solicita algo, lo quiere de inmediato y sin inconvenientes.

Daniela se puso en pie y se acercó a la puerta cerrada de la oficina. La anunció cuando le dieron permiso de abrir y se alejó un poco para darle paso ante el enérgico «sí» de Mirco.

—Pasa —murmuró a su amiga, y le sonrió antes de cerrar la puerta.

—Buenos días.

—Hola. Ven, acércate —pidió Mirco—. Te presento a Loretta, una amiga. Ella es Malu. Es… nueva en la empresa.

Malu lo fulminó con la mirada y al instante se arrepintió.

No le quería echar nada en cara para encubrir su tristeza y desengaño. Quería que pensara que no le afectaba lo que estaba haciendo.

Era un terrible caradura, no entendía lo que pretendía presentándolas de esa manera. Enfrentándolas.

Era dañino, malvado, sádico.

¿Acaso quería que se pusieran a pelear por él?

No lo conseguiría, no con ella.

—Encantada, Malu —dijo la mujer, y estiró la mano para entrelazarla con la de ella.

No quería mirarla, no debía tampoco.

Fue inevitable.

«Según yo recuerdo, debería ser la típica rubia estreñida. Una diosa de pasarela, con piernas eternas y rostro de muñeca. Esto es un nuevo fiasco».

—Me voy, entonces. Veo que estás ocupado. Fue un placer volver a verte, querido. Te queda muy bien este nuevo corte de cabello —murmuró la mujer, con la vocecita suave.

Parecía un ronroneo excitante, que a Malu le daba escalofríos.

«¿Qué hacemos aquí?».

«No tengo idea. Cállate y déjame escuchar».

—Saluda a tus padres de mi parte, Lore —agregó Mirco con una sonrisa sincera en el rostro.

—Lo haré. Fue un gusto, Mari —dijo la mujer, yéndose.

—Malu —la corrigió, con una falsa sonrisa dibujada en los labios.

—Malu, cierto.

Él la miró a los ojos, una vez que estuvieron solos, y sonrió de lado. Intuía que podía estar fantaseando cosas. La conocía poco, pero por lo que le había contado Daniela, en la mente de su chica se estaba cocinando algo explosivo.

Por todos los medios debía evitar esa bomba. No podía perderla, no quería y no lo haría. Mucho menos, por Loretta.

—Gracias por subir —le dijo, y se acercó a ella.

—De nada —respondió Manuela, y se puso de pie para salir de la oficina.

Era un mal hombre que solo deseaba mostrarle a la mujer con la que se casaría.

¿Quién hacía algo así?

Sintió una mano tomándole la muñeca y el fuerte cuerpo de Mirco apoyándose en su espalda.

Manuela cerró los ojos y creyó que las lágrimas saldrían por fin, pero las retuvo.

Su furia le impidió soltarlas.

—Loretta fue mi prometida, sí. La amé, sí. Cancelamos la boda porque yo no era feliz a su lado. Seguí amándola mientras estuvimos separados, aunque sabía que no éramos el uno para el otro. Un día me di cuenta de que ya no sentía nada por ella y me liberé. Salí con otras mujeres, me acosté con varias y la olvidé por completo. La quiero, es una amiga de toda la vida, pero no estoy enamorado de ella —explicó Mirco.

—No quiero escucharte —susurró Malu.

—Si vamos a discutir, ten la decencia de no lucir tan bonita.

—No vayas por ahí.

—¿O qué?

—Solo… no vayas por ahí, Mirco, que tus palabritas lindas no me convencen.

«Mentirosa».

—Déjame explicarte todo —rogó él.

—No me debes explicaciones. No somos nada.

—Sí que somos. Tenemos un romance secreto, ¿recuerdas? Soy tu capitán y tú, mi animadora. No fue *instalove*, aun así, estamos encaprichados uno con el otro. ¿Acaso te has olvidado de todo eso? Yo no. Tienes la llave de mi piso, pequeña. Su visita no cambió mi vida ni mis sentimientos.

—¿A qué vino? —preguntó, ya más sincera con lo que sentía, y quería saber, claro que quería.

Se giró para enfrentar la mirada de Mirco y se encontró con una sonrisa hermosa que le robó un suspiro.

«¡Maldito adonis!».

—A lo que imaginas vino —respondió él.

—No quieres que te cuente lo que imagino —murmuró avergonzada o algo así.

—¿Cómo sabes que no quiero? Me encantan tus locuras, creo que lo digo desde la primera vez que te vi.

—¿Quiere volver contigo? —peguntó vacilante.

—Algo así. Pero le dije que había conocido a alguien y que estaba muy bien con ella, que parecía estar enamorándome, aunque fuese muy pronto para decirlo.

—No creo que hablaras de mí, porque me has presentado como una nueva empleada —alegó.

—Porque no accedes a decir que eres mi novia.

—Cómo voy a acceder a decir que soy tu novia si ni yo lo sabía —expuso con las manos elevadas.

—¿Ah no? ¿Y nuestras salidas, tu visita a mi casa y la mía, a la tuya? ¿Los besos que nos damos, los cafés compartidos en los pasillos vacíos y el romance secreto? Ese bendito «mañanero» sin condón… ¿Qué es todo eso?

«Estás babeando, cierra la boca. Y de paso, las piernas. Ya sabes lo que dicen que pasa cuando ellos hablan así: se te inunda la tanguita».

—No quiero que dudes de mí, Malu. Ni que escapes ante la primera incertidumbre. Pregúntame y te responderé. Nos estamos conociendo. ¿Qué crees que haría yo si te veo

250

conversar con el chico ese, el novio de tu amiga Zoe?

Ella elevó los hombros como toda respuesta, porque no tenía una. No podía imaginarse ella misma hablando con ÉL, mucho menos, lo que Mirco haría al verlos.

—Confiaría en que has sido sincera y que seguirás siéndolo siempre —señaló Mirco.

—Así de simple.

—Así de simple. ¿Por qué quieres complicarlo?

Otra vez se había quedado sin respuesta. Su mente comenzó a explicarle lo que parecía ser la idea más razonable.

«No es un libro, ya sabes. Además, descubrimos que las autoras mienten, ¿recuerdas? Deberías pensar en leer menos o cambiar de género. No, mejor lee menos. A ver si comienzas con *thrillers* y tu vida se convierte en una eterna paranoia».

Bueno, no tan razonable, aunque lógica, a su manera.

Malu se acercó a él y le abrazó la cintura. De inmediato, se sintió apretada contra el pecho masculino y un beso tibio en la cabeza la hizo sonreír.

—Me dolió verte con ella e imaginar todo lo que imaginé. Ya sabes que es mucho lo que entra en mi mente.

—Pequeña, créeme cuando te digo que me encantas. Nadie me gusta como tú —le aseguró con un beso en la frente.

—¿Solo te gusto, jefe?

—No, no solo me gustas —aseveró Mirco, y la miró a los ojos cuando ella levantó la vista.

La sonrisa genuina de ambos calentó el ambiente y todo lo que los rodeaba dejó de existir.

El beso no la sorprendió, por el contrario, lo esperaba así de bonito e intenso.

«Deja de besarlo y hablemos sobre la mujer de anchas caderas, corta estatura, cabello oscuro y cara de amargada que se supone fue la novia del rubio de ojos celestes que te está devorando la boca. Manuela, despierta. Te estoy hablando. ¡Deja de tocarle el culo, por Dios santo!».

—Imaginé a tu ex como una modelo de lencería.

«Gracias».

—Es una mujer hermosa, podría modelar lencería si quisiera.

—Lo es, solo que yo la hacía alta, rubia, de cabello largo, muy delgada y... No me hagas caso, reconozco que es un estereotipo, uno tonto, pero lo es. A veces, soy un poco prejuiciosa. No es mi culpa. Ya sabes...

—Entiendo. La culpa es de lo que lees. No es sano ese entretenimiento tuyo. Creo que estarías más a salvo haciendo paracaidismo —le aseguró Mirco entre risas.

No se habían alejado ni un centímetro.

Le repasó los labios con el pulgar, como había hecho más de una vez, y le guiñó un ojo. Ella sonrió bonito y Mirco tuvo que suspirar al verla.

Él sabía que no estaba bien lo que había hecho. De ninguna manera podía verse su actitud como ejemplar. ¿Quién presentaba su nueva novia a la anterior, que venía a pedir perdón y una nueva oportunidad? Solo él, ante el susto de perder a Manuela, podía hacerlo. De todas formas, no se arrepentía.

Loretta tenía que comprender que lo suyo ya estaba acabado y Malu, que no habría fantasmas en su relación.

Verlas juntas, en la misma habitación, lo había obligado a confirmar lo que él ya sabía: Malu era más que la chica que le gustaba. Enterarse de que ella estaba al corriente de que su ex estaba encerrada con él en la oficina lo había puesto nervioso y quiso demostrarle cuánto más importante era ella que la propia Loretta.

No pondría en jaque la endeble relación que comenzaba por una finalizada por completo.

Admirando la belleza de su chica bonita, con el rostro sonriente en sus manos, supo que había hecho lo correcto.

—¿Me vas a besar, capitán? —Escuchó que le preguntaba.

—¿Otra vez soy capitán?

—¿Conservas tu uniforme? Mirco, por favor, dime que lo conservas. ¡Ay, madre del amor hermoso! Te imagino con el pantalón blanco todo sucio y esas hombreras gigantes. ¿Estoy babeando? —preguntó con cara de pícara y sonriente.

—También puedo imaginarte vestida de animadora. Deberías estar tan ardiente con esa faldita corta. Malu, tengo un problema.

—Lo noto, capitán. Me está golpeando el ombligo.

253

Sexo en la oficina

Malu puso sus manos temblorosas en el pecho masculino y se apartó un momento. Inspiró profundo y levantó la mirada.

Mirco sonreía con esa mueca torcida que decía más que mil palabras.

—Creo que me voy a trabajar, jefe.

—Yo creo que no. Un día tuvimos una conversación que hablaba sobre faldas levantadas y…

—No lo recuerdo. Nop. Yo no hablo de esos temas, nop —sentenció Malu, intentando escapar de los brazos de su adonis.

—Yo creo que lo recuerdas muy bien, pequeña

—susurró él, y dobló las rodillas para poder comenzar a levantarle la estrecha falda y ayudarla a enredar las piernas en su cintura.

Con ella en esa posición, caminó hacia la puerta y la trabó.

—Me asustas —balbuceó Malu.

La verdad era que estaba excitada con la posibilidad que le planteaba, aunque aterrada al mismo tiempo.

—Relájate, no te dolerá. Y no puedo prometerlo, pero creo que mañana vendrás por más.

—Eres un creído. ¡Oh, madre mía! —exclamó al sentir el frío del vidrio de la mesa de trabajo sobre su trasero desnudo.

«¿Tienes ropa interior limpia?», se preguntó en silencio.

«Creo que me puse ese tanga verde claro, el nuevo», respondió relajándose de inmediato.

—Daniela está… —comenzó a argumentar.

—Tendrás que hacerlo calladita —dijo él, interrumpiéndola—. No me parece la mejor de las ideas, porque me encanta escucharte, nena.

—Me pone tontita que me digas «nena».

La sensación de desmayo fue muy real cuando sintió los largos dedos de Mirco entre sus piernas. Lo que estaban haciendo no era muy decoroso, pero quería vivir la experiencia, aunque fuese solo esa vez.

Llevó la cabeza hacia atrás y apoyó las manos para no

perder el equilibrio. Su cuerpo ya iba por libre perdido en las garras del placer que le proporcionaba su jefe.

Él la miraba con esos ojos provocadores, mordiéndose el labio inferior con gesto de perdonavidas y ella solo podía gemir y asentir, rogando porque entendiese que le gustaba lo que estaba haciendo y que no se detuviese, que era ese el camino correcto y... No pudo terminar de repasar la idea cuando el orgasmo la sorprendió.

—¡Oh, sí! —gimió, y clavó los dientes en el hombro más cercano de Mirco.

Algo en su interior recordaba que debía hacer silencio y fue la mejor opción que encontró.

—Divina, así te pones en estas circunstancias —murmuró él sobre su oído, y le mordió el lóbulo—. Sigue en silenc... ¡Qué bueno es esto!

Malu abrió los ojos enormes y no los alejó de los de él mientras lo sentía entrar en ella con seguridad y sin pausa, murmurando palabras soeces y no tanto.

No podría asegurar si fueron pocos segundos o varios minutos los que sucedieron entre golpeteos y apretujones. Ella solo disfrutaba y se mordía la lengua para no gritar.

Mirco parecía hacerlo a propósito y jugar con su necesidad. Alternaba movimientos y aceleraba, o frenaba según le venía en ganas, y sonreía.

El muy caradura sonreía.

El desenlace llegó cuando cruzó los talones en el trasero de su ruso y apretó para limitarle el meneo. Se recostó como pudo en la mesa, llevó la mano a su sexo para acariciarse y apurar la situación.

Mirco gruñó y jadeó hasta el final sin dejar de repasarla con la mirada. Al terminar, apoyó la frente en el pecho de Malu y murmuró algo que ella no entendió.

—Mirco, tu padre quiere verte. Está en camino —dijo la voz de Daniela. Esta salió clara y elevada por el intercomunicador que Manuela tenía a la derecha.

—No, no, no, no —repitió al escuchar, empujando a Mirco y acomodándose la ropa, todo en el mismo momento.

—Tranquila. Está todo controlado. Mira. —Él giró un poco para mostrarle que estaba vestido. Le pasó la mano por el cabello y le besó la mejilla—. Estás perfecta. Siéntate allí. Disimula.

Lo vio destrabar la puerta y apoyarse en la mesa con los talones cruzados y las manos a ambos lados de su trasero.

—¿Tú sabes lo guapo y sexi que te ves así? —le preguntó Manuela, con sincera curiosidad.

—Podrías colaborar, ¿no? Quiero mantenerme alejado de ti.

—Me voy antes de que llegue —susurró ella.

—No, quiero presentarte —informó él.

—Ya lo conozco.

—Como mi novia, pequeña. Quiero presentarte como mi novia.

—Mirco, hijo, me tienes en ascuas con lo de las reuniones. ¿Cómo van? —preguntó el señor Miller, entrando sin haber golpeado y sin dirigir ni una mirada a la chica, que estaba todavía en *shock* con lo que Mirco le había dicho que haría.

«Vete mientras te ignoran. Déjate resbalar hacia adelante, hasta llegar al suelo, y desde ahí, te arrastras».

—La de hoy fue cancelada, porque mañana, por fin, veré a Ron Taborda. Accedió a conversar conmigo —explicó Mirco.

—¡Vaya! ¿Cómo lo has conseguido?

—De casualidad. Conocí a un arquitecto que trabaja con él y tienen muy buena relación —comenzó a revelar, mirando a los ojos a Malu, quien sonrió recordando la charla que había tenido con su hermano—. Le conté un poco lo que necesitaba y accedió a interceder. Me llamó ayer para confirmarme que mañana por la mañana me esperan en la constructora.

Miller giró la cabeza para ver hacia donde se dirigía la mirada de su hijo y la vio justo cuando se incorporaba para ponerse en pie frente a él.

—Señorita, buenos días. Le pido disculpas por no haberla visto —saludó el hombre.

«Ya no resbales, te vieron».

—Ella es Manuela, padre.

—Ya nos conocemos, señor Miller. Trabajo en el archivo.

—¿No te llamabas de otra manera? —preguntó el hombre mayor con intriga.

—Malu, todos me dicen Malu, y puedo haberme presentado así. Pero mi nombre es Manuela —le explicó.

—Es un gusto verte, Manuela. Podrías, por favor…

Ella comprendió al instante que estaba pidiéndole que se fuera y por eso dio el primer paso, afirmando con la cabeza.

La verdad era que se sentía aliviada. Lo que Mirco quería hacer era apresurado y ella no estaba en condiciones de ser presentada a su jefe, al dueño de la compañía en la que trabajaba desde hacía poco tiempo.

Necesitaba ese puesto, mejor dicho, el dinero que ese puesto le originaba.

Cerró los ojos al sentir la mano de Mirco en la suya y al escucharlo interrumpir a su padre, ahogó un gemido.

—De hecho, padre, quería… ¿Recuerdas que en tu casa te conté que estaba conociendo a alguien? Ese alguien es Malu. Ella es mi novia.

—¡No lo dices en serio! —exclamó el hombre.

—¡Padre!

—Permiso, yo mejor me retiro.

Ella salió por la puerta más rápido de lo que imaginó salir.

«El capitán tiene tu tanga en el bolsillo. ¡Era nuevo, Manuela!».

Diferencias y clases sociales

Malu solo escuchaba palabras pronunciadas por voces gruesas y muy masculinas hablando en tono elevado. Cerró la madera oscura y pesada, y se recostó en ella, con lágrimas en los ojos.

—Malu, ¿estás bien? —preguntó Oliver, que recién llegaba y casi la choca.

Ella aseveró con un movimiento de cabeza.

El mayor de los hermanos Miller supo que le estaba mintiendo y por eso la hizo a un lado, entrando al despacho de su hermano. No sabía lo que se encontraría ahí, pero nada bueno, a juzgar por la carita de la chica nueva que tenía atontado a Mirco.

—¿Qué pasó? —preguntó al entrar y ver a los dos hombres discutir con la voz elevada, aunque intentando bajarla en cada palabra que pronunciaban.

Malu volvió a cerrar la puerta y pretendió escapar, se lo impidió Daniela. La tomó de la mano y la llevó al sanitario más cercano. Agradecía el gesto de sacarla de allí, porque no quería escuchar nada de lo que podían estar diciendo de ella, de él, ni de la relación; que parecía tener un futuro complicado.

Se sentó en el váter y apoyó los codos en las rodillas para cubrirse luego la cara con las palmas.

—Malu, ¿qué pasó? No me digas que te intimidaron los jefazos. Son buenos hombres.

—Estoy saliendo con Mirco y Miller padre acaba de enterarse. Me rechazó de inmediato —dijo sin titubear.

—¿Estás saliendo con Mirco? —preguntó Daniela, acuclillándose a su lado.

—Quisimos mantenerlo en secreto, porque necesito el trabajo y no sabíamos si estaría bien o no. Él me convenció de darlo a conocer y comenzó por lo más difícil: contarle a su padre.

—Y, ¿qué dijo? —le preguntó asombrada.

—«¡No lo dices en serio!»

—Sí, lo pregunto en serio —aclaró Daniela.

—No, digo que eso fue lo que dijo. Y fue en un tono bastante cruel, como si fuese una locura que su hijo y yo… —le contó, dejando la idea inconclusa.

Manuela nunca había creído lo que señalaban, o leía, sobre las diferencias sociales, ya sean por dinero o culturales. Para ella, todas las personas valían por lo que eran y no por lo que tenían o de dónde venían. Tampoco hacía diferencias por color, gustos, talles o creencias religiosas. Pensó que cada vez era menor la cantidad de personas que seleccionaban con quién sí y con quién no relacionarse.

Parecía haber estado confundida.

Al conocer al señor Miller, nunca imaginó que pudiese ser del tipo que discriminaban por estatus social. Aunque, al escuchar lo que su novio…

«Creo que ya es un ex, Manuela».

…Mirco le había contado sobre él, estaba comenzando a dudar sobre su capacidad de ver al hombre mayor como realmente era.

—Hui como una cobarde. Tendría que haberle dicho un par de cosas, defenderme, pero no pude. Se me llenaron los ojos de lágrimas y me fui corriendo —agregó entre sollozos.

—No te preocupes. Ya arreglarás todo con Mirco —murmuró Daniela.

—No lo creo —replicó, convencida de que así sería.

Poco le había durado la reconciliación.

«Reclamarle el tanga está de más, ¿no?», quiso saber su yo interior, que intentaba aligerar el tenso momento.

—Lávate la cara. Tienes el rímel corrido —indicó su

compañera—. Tengo que ir a mi lugar de trabajo. ¿Estarás bien sola?

Manuela sonrió sin ganas y afirmó con un movimiento de cabeza. Se puso en pie y comenzó a lavarse la cara.

Era un desastre.

Si aparecía así frente a Tori y Paola debería dar explicaciones y no tenía ganas.

Con pasos lentos, se dirigió al piso donde se encontraban las oficinas de personal y pidió tomarse el día libre. Argumentó un terrible malestar. La creyeron al verle el rostro.

Mientras descendía hacia la planta baja, se puso las gafas de sol para cubrirse un poco los ojos rojos, y bajó la cabeza. Así, nadie repararía en su mal aspecto.

—Pequeña, te estaba buscando —avisó Mirco, emitiendo un suspiro de alivio al tenerla cerca—. Mírame.

—Déjame —rogó, sorprendida por verlo a su lado.

—No te voy a dejar. Ven conmigo —solicitó, y le tomó el codo para llevarla a un lugar donde poder estar a solas. Un baño de visitas alcanzaba. Trabó la puerta y la enfrentó otra vez—. Mírame, Manuela. Ay, pequeña, no llores.

—¡Cómo no voy a llorar! Si quiero estar con un hombre que parece tener seleccionada la clase de mujeres con la que puede estar. Su padre, un ricachón engreído, señala con el dedo y su perfecta manicura quién está a la altura, y quién no, de su hijo menor. Que no es tan menor, me lleva más años que mi hermano. No pienso en eso porque

264

entiendo que estamos bien y no pareces tan viejo, además, yo no soy una jovencita inmadura. Creo. Me digo que sí es posible y que deje de lado esas diferencias, todas las que haya entre nosotros y entonces, cuando me dejo llevar por lo que siento, el gran señor Miller me baja de mi nube orgásmica en la que todavía levitaba, por el maravilloso sexo en la oficina que había tenido, con una mirada despectiva y un «¡No lo dices en serio!». Sí, lo decías en serio, y yo quería que él me sonriera y me dijese «qué linda pareja que hacen».

Aspiró los mocos y se secó las lágrimas, después de quitarse las gafas de un manotazo. No recordaba haber llorado tanto en su vida. Estaba casi ahogada por haber hablado mientras su nariz se tapaba y sus ojos se nublaban.

Se sentía agotada.

—¿Terminaste? —preguntó Mirco.

«No. Pídele el tanga».

Romance en la oficina.

Es oficial

Manuela afirmó con un gesto y volvió a aspirar los mocos, agregando un par de hipidos de angustia. Había largado todo lo que tenía atragantado, de golpe y sin respirar.

—Vamos a desmenuzar todo lo que has dicho —murmuró Mirco, sonriente—. Primero: mi padre no me señala con qué mujer puedo estar y te aseguro que no se hace la manicura, debería. Segundo: no soy tan viejo. Dicen que la edad es la que uno siente y yo me siento de veintitantos todavía. Tercero: me importan un bledo todas las diferencias de cualquier tipo, pequeña. —Para entonces, él le acariciaba la cara, secándole las lágrimas con los pulgares—. Cuarto: coincido plenamente en que el sexo en la oficina fue maravilloso. Y quinto: mi padre dijo que eres hermosa, que te cuide y no meta la pata contigo.

—No te creo el quinto punto y dudo un poco en hacerlo con lo de la manicura.

—Mi padre creyó que apenas tenías la mayoría de edad. Se asustó un poco al verte tan joven. Cuando le dije que tenías veinti... siete... ocho, lo pensó mejor y me felicitó por la elección.

—Ya me disculpé por mentir —dijo sonriendo al ver que él lo hacía también, pensando en aquella hermosa velada donde habían hablado de las edades.

«¡Qué guapo es el condenado!», pensó, y su vocecita se mantuvo en silencio.

Estaba de acuerdo con ella, lo sabía.

Mirco le contó también que Oliver la vio llorando, que se los dijo al entrar y que fue en ese instante cuando salió en su búsqueda, sin encontrarla, que se dirigió a su despacho y luego bajó para preguntar a la gente de seguridad si la habían visto salir y entonces, la distinguió entre varias personas.

Le secó las rezagadas lágrimas y dobló las rodillas para ponerse a su altura. Le besó la punta de la nariz y elevó las cejas, esperando alguna palabra de parte de ella.

—Me tomé el día porque no me sentía bien. Yo no lloro nunca y me angustié mucho al hacerlo —le explicó.

—Lo siento —dijo él, y la apretó contra su pecho—. Yo no puedo tomarme el día, pero sí puedo escaparme temprano y visitar a mi novia. Llevo algo para cenar. ¿Te parece buen plan o prefieres salir?

—Es el plan perfecto —respondió.

«No olvides el…».

Manuela suspiró resignada.

—Dime que llevas mi tanga contigo —dijo, solo por no volver a escuchar a su molesta vocecita.

Mirco metió la mano en el bolsillo derecho del pantalón y comenzó a sacar una minúscula prenda de tela verde claro. Su cara de pícaro hizo temblar las rodillas de la jovencita avergonzada y tuvo que dejar escapar un suspiro.

—Mi primer *souvenir*, pequeña.

—Es nuevo. Y no, no lo digas, por favor, no lo digas.

—No sé qué esperas que no diga, pero para dejarte tranquila, te regalaré más.

«Lo dijo».

Manuela suspiró y cerró los ojos. Se sentía emocionada, con las piernas blanditas y el corazón le latía un poco acelerado. Había vivido muchas emociones en poco tiempo y ella no estaba acostumbrada.

«Cuánto más fácil era tener ese amor platónico y ausente».

«Es cierto, por lo menos, llorábamos solo por no ser correspondidas», ratificó.

No pasaba seguido y por eso disfrutaba cuando, su voz interior y ella coincidían, hasta mantenían cordiales conversaciones. Era como una reconciliación con su mejor amiga o la tregua esperada con su peor enemigo. No se decidía al respecto.

Le había contado todo lo sucedido a su hermana y esta todavía reía a carcajadas, hasta que escuchó la anécdota del tanga verde.

—Es un pervertido.

—Y tú, una envidiosa.

—Un poco sí. Entonces, ¡tienes un suegro millonetis! —exclamó Marcia.

—No me deja tranquila ese detalle. Es un poco gruñón.

—Quien debe importarte es tu novio —aseguró la menor.

—Tengo novio, Marcia. ¿Puedes creerlo?

«Tienes un romance de oficina en toda regla, Manuela», le anunció su vocecita.

Sonrió divertida y despidió a Marcia, que todavía parloteaba de algo que ella ignoraba.

Tomó su móvil y comenzó a escribir un largo mensaje de texto para su nuevo grupo de típicas amigas locas, aunque también estaba la seria, por supuesto. Había para todos los gustos.

Siempre quiso tener un grupo así.

Los mensajes de respuestas y comentarios varios comenzaron a sonar y eran música para sus oídos. Se tiró en el incómodo y pequeño sofá con las piernas estiradas hacia arriba, contra la pared, y la cabeza hacia abajo.

«Se te va a ir la sangre a la cocorota».

Ignoró a su voz, molesta y aguafiestas, y siguió sonriendo y hasta soltando un par de risotadas grotescas por algunos mensajes con alto contenido erótico.

El timbre la sobresaltó y quiso ponerse de pie con rapidez, se mareó y casi cayó de boca al suelo.

«Te lo avisé».

Encontró a Mirco apoyado en el marco de la puerta de entrada, con la camisa abierta unos cuantos botones, sin corbata ni chaqueta y un par de bolsas con comida caliente.

—Hola, novia.

—Hola, novio —saludó, y suspiró hinchando el pecho, incluso.

Lo repasó con la mirada por varios segundos. No le interesaba disimular que estaba loca por ese hombre.

—¿Te gusta lo que ves? —preguntó él con diversión y un toque de vanidad.

«Vaya mierda de frase».

—Me encanta —respondió de todas formas, porque negarlo sería mentir—. Entra.

—Te sientes mejor, veo.

—Sí. Además, acabo de caer en la cuenta de que es oficial —comenzó a dar saltitos de alegría en el mismo lugar y a levantar los brazos al ritmo—. ¡Tengo un romance de oficina!

Mirco rio y le besó los labios mientras ella seguía haciendo payasadas, las que le alegraban el día por más que no las entendiera.

—Pongo la mesa mientras me explicas lo que eso significa —pidió él, y comenzó a hurgar en las pocas alacenas que había en la minicocina.

—Es uno de los tópicos de los libros de romance. Amor entre un jefe y la secretaria o entre compañeros de trabajo. Son parejas explosivas que pueden llevarse mal al principio o ser ardientes…

—Y tener mucho sexo en los despachos —agregó Mirco.

—Vas aprendiendo, jefe.

La escena del ascensor (ahora sí)

Manuela se estiró en la cama y sonrió con los bonitos recuerdos que venían a su mente.

Su maravilloso novio cada vez se metía más profundo en su corazón. Era un hombre simple, cariñoso y se divertía con sus tonterías. Tonterías que no podía mantener a raya y por eso, agradecía que a él le gustaran. Verlo reír era lo mejor que le podía pasar. Ese precioso rostro se iluminaba por completo y cada vez que podía, le robaba una foto.

Ya tenía decenas de ellas en su galería del móvil.

Le envió un mensaje deseándole los buenos días y se puso en movimiento. No quería llegar tarde. Tomó el libro que estaba leyendo y partió.

Entró a la empresa siendo consciente de que no se

encontraría con su *nuevo* novio hasta pasada la media mañana, porque él tenía una reunión a la que acudir. Por eso, se emocionó tanto al verlo entrar en el elevador, segundos antes de que este cerrase las puertas.

Se miraron con picardía y sonriendo. Él le guiñó el ojo y ella sintió las rodillas un poco flojas. Apoyó la espalda contra la pared cuando lo vio acercársele y subió los brazos por sobre su cabeza. Suspiró y entrecerró los párpados intentando una cara sensual que no había practicado.

La imagen de aquella escena, de decenas de libros y películas, había rondado tanto por sus fantasías que le parecía imposible estar viviéndola, y más imposible, experimentarla con un hombre tan perfecto como lo era *su* hombre.

—¿Qué haces? —le preguntó él, con gesto interrogante—. ¿Te sientes mal?

—¿Qué? No, no me siento mal. No me pasa nada. Estoy lista —agregó, cuando su pose le pareció la perfecta.

Cerró los ojos para recordar dónde debía poner las piernas y le pareció indicado apoyar la planta de un pie contra la pared, para elevar un poco la rodilla y tentarlo con más piel de su pierna desnuda. Bajó la mirada para comprobar si dejaba a la vista bastante de sus muslos y sonrió para adentro.

Estaba todo como debía estar.

—Lista… ¿Para qué? —insistió Mirco.

—¿¡Cómo para qué!? ¡Para mi beso!

—Ah, bien. Bueno, te beso entonces —indicó, un poco confundido por todos los movimientos de su chica.

—Nada. Déjalo, Mirco, ya no tengo ganas —refunfuñó, recuperando su postura habitual.

Su boca permanecía fruncida y se notaba un poco de frustración en sus gestos.

Él sonrió y terminó de acercarse. No podía dejar de reconocer que estaba liado, y eso era poco decir. Cada día vivía una nueva aventura a su lado.

Quiso besarle los labios y ella le puso las manos en el pecho.

—No, ahora no quiero un beso. Maldita sea, esto es lo que pasa con los hombres de carne y hueso: rompen todas las burbujas de fantasía.

—¡Me vuelves loco, nena! ¿Quieres un beso o no?

—No, ya no. Mis personajes preferidos ya se hubiesen hasta quedado con mi tanga en el bolsillo. Segundo tanga, dicho sea de paso.

«Bien dicho», aseguró su vocecita en apoyo.

—¿Tienes puesto un tanga como el verde? —quiso saber él, emocionado.

—¿Lo único que te ha quedado de la conversación es que llevo tanga? —le preguntó indignada.

—Es lo único, sí. Ven conmigo —exigió que el elevador se abría.

—¿A dónde? Mirco, no puedo correr con los tacones.

Él no hizo caso a su solicitud de bajar la velocidad y

siguió a paso firme hasta la puerta que, sabía, encontraría nada más girar por el pasillo en el que estaban.

—Yo no quiero acompañarte al baño como si fuésemos amigas en una discoteca —rezongó Malu, al verse dentro de uno para visitantes, otra vez, con los que contaba cada piso del edificio.

—Deja de refunfuñar y déjame improvisar. A ver si me sale —dudó él, y le tomó las piernas por detrás de las rodillas.

La falda cedió en altura y pudo sentarla sobre el mármol frío.

—¡Madre mía, jefe! Sigue.

—Ya sabía yo que te gustaría la idea —señaló él, y le quitó el tanga—. Ahora soy quien dice: ¡Madre mía! Mírate, eres un espectáculo. ¿Estás lista?

Manuela se mordió el labio inferior y afirmó con la cabeza. Solo podía mirar esa parte de la anatomía masculina que estaba liberándose de las prendas que lo apretaban.

«También puedes mirarle el culo. Hay un espejo delante de ti. De nada».

—¡Qué buen culo tienes! —murmuró entre gemidos.

Mirco ya trabajaba intensamente para llevarla al éxtasis y acompañarla después. No tenía mucho tiempo, debía ser rápido.

Nunca en su vida había pensado en hacer tantas locuras como las que realizaba desde que conocía a su preciosa novia, oficial ya, y le encantaba. Lo de su despacho había sido el primero de sus arrebatos impensados y en ese instante, en un baño cualquiera, estaba cometiendo el segundo. Solo enumeraba los sexuales y peligrosos. No imaginaba si había límites. Aunque, con ella, dudaba que los hubiera.

Debía prepararse para sentir seguido las mismas cosquillas, emociones y hasta la adrenalina que se le disparaba cada tanto.

—Esto supera lo del ascensor, jefe, te lo prometo —balbuceó ella entre gemidos.

—¡Qué loca estás, preciosa! Pero cómo me gustas —gruñó agitado, sin detener el golpeteo de su cadera.

Malu sonrió mientras gimoteaba y balbuceaba palabras de ruego. Tiró la cabeza hacia atrás y soltó el aire, además de su placer convertido en un estremecimiento de cuerpo completo. Sintió un par más de entradas y salidas de su hombre y un perfecto sonido gutural, demasiado masculino. Abrió los ojos y los ancló en esos dos faroles celestes que la miraban con detenimiento.

—Buenos días, novia oficial —saludó él entre jadeos.

—Buenísimos días, novio oficial.

«Pídele el tanga, que son las nueve de la mañana y no puedes andar con la *cotorra* al aire todo el día».

—Mi yo interior me recuerda que deberías devolverme la ropa interior. —Él quiso decir algo, pero ella se lo impidió—. ¡Eh!, escucha, esta vez sí lo necesito, porque no puedo andar todo el día con… mis partes al aire.

«Si decías *cotorra*, hubiese entendido igual. Te encanta contradecirme».

—Llegas tarde —murmuró Paola.

Las dos compañeras de oficina de Manuela estaban muy ansiosas por conversar sobre lo que habían estado hablando en los mensajes de texto y voz desde que Manuela les había contado que Mirco Ivanov Miller era su novio.

—Tienes el pelo enredado —agregó Tori, elevando las cejas—. ¡Esta se encontró con el jefe y *pum, pum, pum*!

—No lo niego —soltó Malu, tomando asiento en su mesa de trabajo—. Se frustró «LA» escena del ascensor, pero en uno de los aseos se portó mejor que muchos de los machos alfa conocidos.

De inmediato, Tori se acercó para oír los detalles.

—Escucho comparaciones. ¿Grey?

—No, mejor aún. Tampoco se pareció al Eric Zimmerman de la Maxwell o al brasilero de la Perozo con su capoeira. Tal vez, solo tal vez, puede compararse con Jesse Ward de Jodi Malpas y ni tampoco. Debería volver a leer la saga completa para confirmarlo.

—Está exagerando para darnos envidia —rumió Tori, volviendo a su lugar.

—O está enamoradita hasta las trancas —añadió Paola.

—Puede ser eso también —murmuró ella, sonriendo y guiñándoles un ojo.

Mirco se asomó por la puerta del gran despacho donde las tres mujeres cuchicheaban incoherencias y esperó a que lo saludaran.

Parecían sorprendidas, como si las hubiese atrapado haciendo travesuras. No lo descartaba, si estaban con su chica, todo podía suceder.

—Buenos días —respondió—. Manuela, ¿podemos hablar?

Ella bufó y se puso en pie. Salió de la oficina y lo encontró en el pasillo desierto. Lo miró con mala cara y poniendo trompa.

—¿Qué hice mal ahora? ¿Por qué tienes ese gesto de enfado?

—No hiciste nada mal, por el contrario, lo has hecho tan bien que no puedo dejar de pensar en lo que hicimos en el baño ese.

—Estuve bien, ¿cierto? —preguntó, abrazándole la cintura—. Me voy a la reunión que me consiguió tu hermano. Deséame suerte.

—No la necesitas. Te irá muy bien.

Manuela le sonrió bonito y le besó los labios.

Le estaba gustando eso de tener un romance de oficina oficializado.

—Vine para hacerte una invitación. ¿Cenas conmigo y Oli esta noche? Quiero que conozcas a mis sobrinos, ellos también estarán.

—Me encanta la idea. ¿Llevo algo? —quiso saber.

Le emocionaba que la tuviese en cuenta para esos encuentros familiares.

—Trae el camisón. O no, mejor no —expuso Mirco, impreciso.

—¡No puedes invitarme y luego des-invitarme! —protestó ella, pensando que no quería que se quedase a dormir.

—Siete y treinta en casa —aseguró él, elevando los hombros y aparentando indiferencia hacia las palabras de ella. La señaló con un dedo, luego de darle un par de besos húmedos y provocadores—. Necesitaré ayuda con la presentación de la mesa. La invitación sigue en pie, lo del camisón es lo que quedó descartado. Te quiero desnuda, pequeña.

«Te noqueó, reconócelo».

Manuela suspiró admirando la ancha espalda y el elegante caminar de su novio.

«¡¿Le estás mirando el culo?!».

Casamiento precoz. ¡OMG!

Varias semanas habían pasado desde que el noviazgo de Manuela y Mirco era oficial. En realidad, dos meses y pocos días, no obstante, a ella le parecía más emocionante contar las semanas.

Él no contaba nada, lo que el hombre de la relación pensaba era que los días, semanas y meses pasaban y cada vez era más feliz.

Mirco llegó a un acuerdo más que interesante con Ron Taborda y la constructora pasaría a formar parte de la larga lista de pequeñas y medianas empresas que conformaban la gran compañía que dirigía junto a su padre y hermano.

Gracias a ese convenio, la relación que comenzó prometedora con Mateo, su cuñado, se había afianzado. Ya no necesitaban la intervención de Malu para hablarse o verse. Hasta acordaron un horario de encuentro para ir juntos al gimnasio, sumando a Oliver, a veces. Malu había despotricado alegando que el cliché previsto, el día que los presentó, se había hecho realidad y su novio era el nuevo mejor amigo de su hermano.

Miller padre llegó de un largo viaje, no todas las semanas fueron vacaciones, algo de trabajo había habido también y un poco de visitas a familiares de la esposa. Mirco estaba muy contento con el novedoso trato por parte de su progenitor. Ya no experimentaba ridiculizaciones, quejas o frases con comentarios prejuiciosos, por el contrario, lo apoyaba y alentaba en cada propuesta, y lo había felicitado por el gran trabajo que hizo con R.T. Construcciones. Aunque seguía preocupado por la diferencia de edad que tenía con su novia.

Manuela había presentado a su pareja con la familia M y lo habían dejado un poco atontado entre preguntas y bromas. Malu creía que Mona ya exageraba, pero Mario la apoyaba y los demás reían... no hubo mucho que ella pudiese hacer para que pareciesen «normales».

Su familia era un caso de diván y sería necesario un gran congreso de psicólogos y psiquiatras galardonados para llegar a alguna conclusión.

Mirco estaba fascinado con ellos y más con el pequeño

Milton, que todavía no lo quería y se lo hacía saber sin disimulo. Era tan opuesto a sus dos sobrinos, tan serios y silenciosos… No creía que pudiesen ser amigos algún día.

De todo esto conversaban esa noche él y su novia.

Habían reservado mesa en uno de los restaurantes de moda. La influencia de su apellido ayudó a conseguir lugar para dos más rápido de lo que cualquier persona de a pie pudiese hacerlo.

Manuela notaba a Mirco nervioso y torpe.

Y lo estaba.

Él no era bueno para organizar sorpresas y Oliver lo había convencido, asegurándole que la forma de ser de su chica era la ideal para recibirlas. Dudaba llegar al final de la noche sin desvelar nada, metiendo la pata en el interín.

Malu volvió a notar que su ruso tocaba nuevamente el costado de su chaqueta gris, como si quisiera cerciorarse de que «aquello» seguía en su lugar.

«Trama algo».

«Lo sé», confirmó en silencio a su vocecita interior.

—Entonces, ¿irás? —preguntó Mirco al finalizar la explicación, y se acomodó en la silla como si estuviese incómodo.

Le contó que Taborda había organizado una velada para anunciar el compromiso de su hija menor y había invitado a todos los Miller. Presentándolos, de esa forma, como sus nuevos socios. Era una buena idea matar dos pájaros con el mismo tiro. Más económico, seguro.

—Claro que sí. Me encantan los eventos sociales importantes —respondió.

—¿Cuántos has tenido? —quiso saber Mirco.

Quizá, con temas banales se distraía y dejaba de pensar en lo que tenía en su bolsillo.

—Ninguno —respondió ella, sin dudarlo ni un instante.

La carcajada de su acompañante la sobresaltó.

Esa risa era nerviosa, Manuela lo sabía.

«Te va a proponer matrimonio. Tiene un anillo», le dijo su yo interior con una seguridad aplastante.

No podía creer que eso fuese así. Pero su intuición hacía ruido, mucho ruido.

Apenas llevaban unas semanas de noviazgo oficial y algunas más de tonterías, no podía ser tan ansioso. ¿No?

«Es muy pronto, no lo permitas».

Además, odiaba las proposiciones con público porque sentía que la pareja en cuestión actuaba para los presentes y no era del todo sincera en sus respuestas.

«Más razones para que salgas corriendo de aquí».

No había intercambiado más de dos o tres palabras con su suegro, no conocía a su suegra.

No había intentado prepararle la cena a su novio para quemarla luego, demostrando lo mala que era en la cocina.

¡No tuvieron cibersexo!

Ella solo quería pasar por todas las etapas, ir despacio. No vieron películas en su computador portátil un domingo cualquiera por la mañana, desnudos y comiendo alguna delicia azucarada y calórica, alternando bocados con besos; no lo tenía a él como foto de perfil en las redes sociales.

«En eso, te estás tardando», la reprendió, con razón, su conciencia.

La frente de Mirco se perló con pequeñitas gotas de sudor y se secó con la palma. Debía darle lo que tenía y decir las palabras ensayadas antes de que llegase la hora del postre. Eso se había prometido hacer.

No era para tanto lo que tenía pensado, sin embargo, era a su chica a quien debía darle la sorpresa y sus acciones eran ¡tan inesperadas!

—Malu —murmuró, tomando la servilleta que tenía sobre la pierna derecha y poniéndola en la mesa para poder incorporarse.

«Te lo dije».

—No —murmuró ella.

—Voy a… —siguió él, sin percatarse de la cara de terror de Manuela, y se arrodilló a un costado de la mesa.

—No, no. No lo hagas. No —rogó, y salió disparada hacia el pasillo de los baños.

Mirco la vio correr y pensó que se sentía mal, pero entonces la vio volver con el rostro desencajado.

Él seguía inmóvil, con una rodilla en el piso y las manos sobre esta.

—¿Te sientes bien? —le preguntó al verla con el rostro pálido.

—Levántate, Mirco.

Hablaron al mismo tiempo.

Al ver que él no se movía y llevaba las manos hacia abajo volvió a solicitarle que se pusiera de pie.

Parecía histérica.

—La gente te está mirando, pequeña, estás actuando como una desquiciada —murmuró Mirco, preocupado.

—Por eso, la gente me está mirando. ¡Levántate! —exclamó.

—¡Quiero atarme los cordones antes de ir al aseo! —le explicó él.

«Te miente».

—¡Lo haces de pie!

—Manuela.

—Mirco.

Ambos se miraron a los ojos y elevaron las cejas.

Ninguno parecía querer ceder.

Fue él quien hizo el primer movimiento: apoyó el trasero en la silla y desde allí bajó el tronco para llegar hasta su zapato y atar el cordón.

—¿Así está mejor? —ironizó.

—Creo que sí —murmuró ella.

—Bien. ¿Paso por el tocador y nos vamos a casa? ¿O quieres postre? —le preguntó, ya más tranquilo.

—Espera. No ibas a... ¿Nos vamos?

Malu se sintió confusa y se sentó otra vez. Preocupada por la contrariedad que veía en los ojos de su chico.

—Tenía una sorpresa para ti, pero no salió bien —murmuró, enfadado con él mismo, entregándole un sobre con dos boletos de avión con un destino paradisíaco.

Quería invitarla a pasar las vacaciones de verano juntos. Sus primeras vacaciones de verano.

—Bo-le-tos —balbuceó Manuela.

—Sí. ¿Lo conversamos en casa? Me siento mal.

35

¿BDSM? No, no, ¡noooo!

Malu esperaba a Mirco en su apartamento. Él le había prometido una noche particular. Y la verdad era que estaba anhelante.

Todavía recordaba el intento fallido de la sorpresa preparada por el viaje que aún tenían pendiente, porque lo harían en dos meses, cuando ambos podrían ausentarse de sus responsabilidades en la empresa.

Se tuvo que disculpar muchísimas veces por haber complicado la noche y más, sabiendo lo mal que él mismo estaba llevando la situación.

Aunque le dijo de varias maneras que adoraba las

sorpresas, que eran lo mejor de la vida entera y del *mundo mundial*, Mirco prometió no volver a preparar ninguna otra, argumentando que no se le daban bien y lo pasaba mal de verdad. Por eso, Manuela sabía que lo de esa noche no era una sorpresa como tal, no obstante, ella esperaba sorprenderse.

Escuchó el timbre y de inmediato, el sonido de la cerradura al abrirse. Sí, él tenía la llave de su «pisito» también.

Manuela salió disparada de su sillón, en el que estaba leyendo, y se acercó para recibirlo. Solo tuvo que dar dos pasos, debido al minúsculo espacio que separaba la puerta del salón.

—Hola, ruso. ¡¿Qué haces?! —preguntó, como esperaba, sorprendida.

Pero la sorpresa era… era… rara, se podría decir.

Mirco dibujó una sonrisa de lado, algo que, seguramente, Malu leería como sonrisa de «perdonavidas o bajabragas» y le tomó ambas manos. Se las llevó a la espalda a la altura de la cintura, y caminó con ella hacia el dormitorio.

—¿Qué haces? —volvió a preguntar.

—Relájate, nena —murmuró él, y le mordió el labio inferior.

Malu estaba ansiosa y un poco, valía la repetición de la palabra porque la situación lo ameritaba, sorprendida.

Curiosa, ya que lo era por naturaleza, y fantasiosa,

nadie dudaba de eso, no quitaba la mirada de su novio, que estaba trajinando con el cinturón. Lo vio quitárselo de un solo movimiento y se estremeció al escuchar como el cuero rompía el aire, con un sonido parecido al de los látigos.

Muy hábilmente, puesto que lo había ensayado, aunque ella no lo sabía, Mirco metió la punta del cinto por la hebilla, la giró y volvió a enhebrarla de tal manera que dibujó el símbolo infinito.

Ella sonrió por la hazaña.

—Pon las manos dentro, pequeña —le pidió.

Lo hizo, dudosa, y dejó de sonreír cuando él, con la boca, tiro de la punta y, en un solo y excitante movimiento, se vio con los brazos atrapados como si le hubiesen puesto esposas.

—Mirco, ¿qué haces? —volvió a preguntar.

Él, por toda respuesta, le sonrió con picardía y en silencio. Comenzó a quitarse la camisa, sin mudar el gesto. La observaba con deseo y eso ponía a Manuela en una situación ambigua.

Para entonces, ella, ya con la mente nublada por la perplejidad, había tomado asiento a los pies de la cama.

Él acercó su pecho desnudo y la miró desde arriba, mordiéndose el labio inferior.

—Muérdeme los pezones —exigió.

«¿Y a este qué bicho le picó?».

—Me estás asustando, Mirco. No me va este rollo

—anunció Malu, viendo que la cosa se ponía complicada.

Su novio nunca había sido exigente o rudo cuando hacían el amor, por el contrario.

Sin obtener ni una sola palabra, solo miradas cargadas de lujuria, que a Manuela se le hacían impostadas, la tomó de la cintura y la giró hasta acostarla en la cama, boca abajo. Las piernas se le flexionaron a la altura de la cadera, por estar al borde del colchón, y su trasero quedó demasiado expuesto. Él le levantó la falda y le bajó un poco la ropa interior. Le dio un par de mordiscos, suaves, y un golpe seco la hizo estremecer.

—¿Me acabas de golpear el culo? —preguntó, de manera retórica, por supuesto, el chasquido y el ardor se lo confirmaban sin necesidad de indagar.

—Me pone mucho golpearte el culo —murmuró él.

Malu creyó que su jefe se estaba volviendo loco.

—Lo siento, Mirco, a mí me duele, no me pone —aclaró, intentando incorporarse.

—Pórtate bien, pequeña —le pidió, y le ató su camisa alrededor de la cabeza para taparle los ojos.

—Mirco, ¿qué haces?

«Cambia la pregunta, Manuela, creo que esa no la entiende», le indicó su conciencia.

—¿Qué, Mirco, haces? —intentó, ya bastante nerviosa por todo lo que estaba sucediendo.

«¡No puede ser…! Déjalo. Pregunta como quieras».

Sintió un nuevo golpecito en el trasero, el peso de él

sobre su cuerpo y un mordisco en el cuello, de esos que normalmente la encendían.

No era el caso.

—Buena niña —susurró la voz enronquecida del ruso—. Ahora que estás en condiciones, va a venir un amigo mío. Te vio el otro día y me preguntó si quería compartirte. Dije que sí. Le gusta lo rudo y a mí me encanta mirar.

—De verdad, me estás asustando —aseguró ella.

—Dime amo. Quiero escucharlo.

—¡Y una mierda! —exclamó.

Estaba ya más enfadada que asustada.

—¡Dime amo! —exigió él, y le dio otro golpecito.

—Pero ¡¿qué crees que haces, Mirco?! No me va esta inmundicia, los golpes duelen, no comparto a mi pareja y no me gusta acostarme con desconocidos. ¡Quítame esta porquería! —pidió entre gritos, al no poder quitarse el cinturón de las muñecas—. Odio la frase buena niña y nunca te voy a decir amo. ¿Me has escuchado? ¡Vete de mi casa, maldito pervertido!

Al verla tan enfadada y gritona, Mirco se puso serio.

—Hey, pequeña, es una broma —susurró, intentando abrazarla.

—¿Que qué? —preguntó, varios segundos después, cuando él levantó las manos en señal de rendirse, al ver que no podía abrazarla o contenerla por más que lo intentase.

«Sácalo a patadas de casa, por estúpido».

—Escúchame. Oli me contó qué tipos de libros son esos que lees y quise divertirme recreando algo por el estilo.

—No me va el BDSM. ¡¿Cómo se te ocurre divertirte solo, sin preguntarme si yo quería jugar también?! Deja de reírte. ¡Mirco, deja de reírte!

—Cuando se hacen realidad esas fantasías no son lindas, ¿no?

—No tengo esa fantasía y leerlo es una cosa, sentir el culo ardiendo es otra. ¡Te odio, Mirco!

—No es cierto. Espera, que algo más me dijo y me olvidé de hacerlo—. Le metió la mano debajo de la ropa interior y se mordió el labio inferior—. No *chorreas*, ¿esa es la palabra?

—¡Por supuesto que no estoy… «mojada» sería, por ejemplo, si no me gusta lo que estabas haciendo, ¿cómo me voy a excitar, tonto?

—No te enojes —rogó él.

—Sí me enojo —sentenció ella.

—Te voy a compensar. Recuéstate, que sé lo que te gusta —aseguró, con una verdadera mirada sensual y un guiño de ojos bastante convincente.

—Ahora, lo pongo en duda. Pero te voy a dar una nueva oportunidad. Primero desnúdate, que observarte sin ropa, sí que me gusta —exigió Manuela.

—A sus órdenes, ama.

—Ojo, eso no suena tan mal. Dame el cinturón y la

camisa —solicitó, y él los llevó detrás de su espalda, por las dudas.

—Ni se te ocurra. La camisa puede ser... —murmuró Mirco, pensándolo mejor. Hacerlo con los ojos tapados tenía su punto.

—Eso sí podemos hacerlo un día, y el cinturón en las muñecas, quizá —acotó ella.

—Podemos llegar a un buen arreglo. Ahora, abre las piernas.

«¿Qué pasó con el "¿qué haces?"», bromeó para sí misma, al ver el cabello de su rubio *bromista* entre sus piernas.

«Cállate y disfruta».

36

Todo se acomoda al final

Manuela no podía estar más nerviosa. Nunca había asistido a ágapes de tanto lujo. Había tenido que comprarse un vestido largo de esos con brillos y derroche de elegancia, además de una cantidad insana de ceros en su precio. También, un par de zapatos a juego y tuvo que pedirle prestado a su cuñada un bolsito, que resultó tan mínimo que no entraba ni el móvil, eso sí, era precioso.

Mirco estaba para comérselo con su esmoquin hecho a medida y la perfecta sonrisa que tanto le gustaba.

—Ruso, se me acelera el corazón si me miras así —le dijo.

—Mejor no te digo lo que me ocurrió a mí al verte con ese vestido —susurró él en su oído.

—Guarro. ¿Qué te ocurrió?

«Guarra», la reprendió su vocecita.

Mirco le alocaba las ganas y la volvía atrevida.

—Buenas noches.

Escucharon ambos y se giraron para encontrarse con la inmejorable presencia del señor Miller, acompañado de su esposa.

—Hola, padre —saludó Mirco con formalidad.

—Buenas noches, señor —dijo Manuela incómoda.

—Nada de señor, soy Paul para ti fuera de la empresa —indicó el hombre.

Mirco sonrió, extrañado, aunque disimulándolo. Pocas veces escuchaba el nombre de su padre. La gente lo llamaba, simplemente, Miller o anteponía el «señor» al apellido.

—Puedes decirme Sam, todos lo hacen —agregó Samantha, la madre de Oliver, besándole la mejilla y agregó—: Buenas noches, Mirco.

El nombrado tuvo que contener la emoción e inclinó la cabeza para responder el saludo. Manuela le apretó la mano para brindarle su apoyo.

Habían hablado sobre lo bien que estaba su relación paterna y el intento que hacía Oliver para que su progenitora reconociera, por fin, que Mirco no era responsable de nada de lo que había pasado y hasta era la víctima que había sufrido desprecios que no merecía.

—Es un placer conocerla, Sam —aseguró Malu, sonriente.

Ambas mujeres comenzaron un diálogo en voz baja y los hombres se miraron.

—Te veo bien, hijo. Me alegro mucho por ti. Se te nota enamorado y eso me hace feliz.

—Gracias. Lo estoy. Ella es un encanto —murmuró, sin dejar de observarla.

—Reconozco, y no lo tomes a mal, que es muy distinta a Loretta —comentó, sin ningún tipo de mala intención, Paul Miller.

—Es cierto. Lore era la perfección con vestido, me inspiraba respeto y admiración, y la amé profundamente. Malu es distinta, sí, con ella todo es más. La miro y siento que el mundo se detiene. Sé que va a volver a girar, lo tengo clarísimo, aunque no sé para qué lado y me encanta sentirme así. Ella puede emocionarme y sorprenderme con solo aparecer por una puerta.

Paul le pasó el brazo por los hombros y lo atrajo hacia su pecho, besándole la sien.

—Me da mucho orgullo tenerte como hijo, y poder ver el hombre en el que te has convertido es un honor. Sigo arrepintiéndome de todo lo que me perdí por necio. Hoy más que nunca —murmuró con voz firme lo último y miró a su hijo a los ojos.

Ojos que se nublaron un poco por lágrimas retenidas.

—Estamos recuperando bien el tiempo, padre —reconoció después de tragar duro.

—Lo sé, lo sé.

—¿Todo bien? —quiso saber Malu.

—Sí. Justo estaba por… Yo quería… Malu, ¿recuerdas lo que te dije hace un par de días? —La nombrada afirmó con la cabeza—. Se lo dices, por favor.

—¿¡Yo!? —exclamó insegura.

—Sí, me acojona mirarlo a la cara y decírselo —le susurró al oído.

«Pobre, resultó *gallina*».

Manuela puso los ojos en blanco, rezongando por la vocecita silenciosa que fastidiaba en su cabeza.

—Lo que Mirco quiere decir y no se atreve, parece, es que durante estos meses vio crecer la relación y siente que el afecto es recíproco, sincero por ambas partes, y que ha logrado perdonar su ausencia. Se ha ganado su respeto y cariño, señor Mil… señor Paul; Miller, Paul; Paul solo —titubeó al final.

Estaba nerviosa. Nunca imaginó tener que decir nada parecido al dueño de la empresa donde trabajaba.

Ambos hombres se miraron con seriedad y las mujeres lo hicieron con una sonrisa tímida.

El abrazo y las palmadas en las espaldas fueron sonoras.

—Te quiero, hijo.

Las palabras conmovieron hasta a Samantha, que todavía no se sentía del todo segura con respecto a su acercamiento a Mirco. Le costaba aceptarlo porque se había convertido, en su irracional intento de defensa propia, en la sombra del engaño, por más años que hubiesen pasado y a sabiendas de que él no tenía la culpa. Lo estaba trabajando consigo misma y quería olvidar todo lo que había pasado para tener la oportunidad de confirmar lo que su esposo repetía una y otra vez: «Mirco es un hombre de pies a cabeza». Le creía.

Malu recibió un beso por parte de su emocionado novio y una palmadita en la mejilla por parte de su suegro.

—Bueno, creo que estoy en posición, entonces, de lograr que aceptes el regalo que tengo para ti —aseguró Miller.

—No comiences.

—Mirco, es lo que quiero, no me lo impidas. Seguro que no falta mucho para que formalices tu relación con Manuela y qué mejor que tener la casa lista para fundar una familia allí.

—Padre, no es momento ni el lugar —protestó Mirco.

—Oli aceptó, por si no lo recuerdas —agregó al pasar y sin demasiado énfasis, Sam.

Paul la acercó a su cuerpo para rodearle la cintura con un brazo, en un sincero gesto de agradecimiento. Y se alejaron sin darle a Mirco la posibilidad de refutar nada.

—¿Me explicas, ruso? —rogó Malu, que no entendía nada de la conversación que había escuchado.

—Hace tiempo que quiere regalarme una casa enorme y lujosa, a mi elección, pero con esas condiciones.

—No dijo eso, dijo «casa» y nada más —agregó Malu.

—Lo conozco, a él y también, a la casa de mi hermano. No sé si quiero aceptar —informó Mirco.

—No aceptes. No debes sentirte obligado y no veo que él quiera presionarte.

«Pregúntale si el regalo tiene fecha de vencimiento».

Manuela ignoró a su vececita y sonrió ante el cariñoso beso que le dio su novio justo antes de ver a Mateo y su esposa acercarse, acompañados por los anfitriones, el señor y la señora Taborda.

Conversaron y bebieron *champagne*, también bailaron hasta que Malu sintió que las ampollas en sus talones le ardían tanto que le urgía quitarse los zapatos.

Decidieron que dormirían en el apartamento de Mirco, ya que era el que quedaba más cerca.

Al otro día, ambos almorzarían en casa de la familia M y por la noche, visitarían a Gala. Cenarían con ella y su nueva pareja.

Todo parecía encaminarse y fluir con una suavidad y naturalidad que a Manuela asustaba.

Cerró los ojos, abrazada a su jefe, capitán, ruso y otros etcéteras.

—Estoy encaprichada contigo, Mirco.

—Y yo contigo, pequeña —murmuró él, besándole la frente.

Los dos habían adoptado esa frase en vez del típico «te amo».

La oscuridad y el silencio de la habitación fueron los

propicios para que ella volviese a dudar de su fantástica realidad.

Su experiencia, como lectora, le decía que tenía que estar atenta. La madrastra mala ya no lo era…

«Mierda, ¿y si reaparece la *perfecta* Loretta Ricci otra vez?».

«Escucho tus pensamientos, Manuela».

«¿Y qué opinas?».

«Que eres una tonta si crees que todo lo que está bien un día "tiene" que dejar de estarlo».

«¿No eras tú la negativa?».

«Hoy, no. Míralo de este modo. En tus novelas, todo se arregla al final, ¿cierto? Y los finales son felices, el amor triunfa».

«Sí. Eso será, que ya llega mi *happy ending*».

Su alma de *drama queen* le hacía mantener esa conversación silenciosa con su voz interior. Aunque también la había tenido con Marcia y Mona hacía unos días. Ambas le habían suplicado que dejase de martirizarse y que disfrutara de su noviazgo como cualquier persona, sin buscarle peros.

Su madre añadió que, si no lo hacía, tiraría sus libros a la basura. Con un tono tan absoluto que no admitía dudas.

«Tu madre te dio un buen motivo para que dejes de pensar estupideces. Duerme».

37

La vuelta de un amor del pasado

Malu miró el mensaje del móvil y se quedó tiesa. No podía creer que estuviese sucediendo eso.

«Tampoco era un imposible, no dramatices. Tenía que ocurrir».

Bufó contra su conciencia, más que nada, porque tenía toda la razón. No era imposible y hasta lógico sonaba que así fuese.

Lo raro era que le hubiese escrito a ella.

«Si los problemas te los inventaste tú. Su actitud es la normal».

—¡No lo es! —exclamó, quitándose de golpe las sábanas con las que cubría su cuerpo.

Estaba remoloneando en la cama. Ese sábado por la mañana no tenía nada para hacer y Mirco debía cumplir un par de obligaciones laborales.

Caminó hacia la cocina y se puso a trastear con su cafetera italiana.

—Hace meses que no escribe, no llama y no nos vemos —murmuró, negando con la cabeza y elevando los hombros. Puso un trozo de pan en su boca y después de masticarlo un poco, gruñó otra vez.

—Estoy muy encaprichada con mi ruso precioso. Muy no, *remuy, recontramuy, muchísimamente* encaprichada.

«Di enamorada y déjate de tonterías. ¡Que ya tienes una edad…!».

El sonido del teléfono la sobresaltó y se tapó la boca al ver quién llamaba. Dejó que el timbre sonase dos, tres y hasta cinco veces, ignorándolo. No de manera literal, porque no hacía otra cosa que mirar el aparatito iluminado sin ni siquiera pestañear.

Lo tomó cuando se silenció y pensó en llamar a alguien para pedir consejo.

La seriedad y capacidad de razonar con frialdad de su hermana menor la decidieron.

—Marcia, necesito un consejo —dijo nada más escuchar que ella había atendido del otro lado.

—Buenos días.

—Viene Zoe a la ciudad… con su novio… el *clavo oxidado*.

—Ajá.

—¡Marcia! Que vienen y me quieren ver para

saludarme y conversar de nuestras vidas y ponernos al día y retomar la amistad y que la distancia no debería alejarnos por tanto tiempo y que siempre piensan y hablan de mí… ¡Hablan de mí, Marcia!

—Malu, ¿tienes idea de las veces que dijiste «y»?

«No le hagas caso, todavía está dormida. Insiste».

—Marcia, quieren verme hoy al mediodía —aclaró.

—Genial. Hace mucho que no hablan.

—Voy a cortar —anunció ofendida por la indiferencia de su hermana.

—Malu, piensa. ¿Estás enamorada de Mirco? —Ella afirmó con un bufido que la hermana entendió—. No le veo el inconveniente, entonces. Ahora bien, si crees que todavía sigues ilusionada con «ÉL», no estás siendo sincera con tu novio.

—¿Eh…? No. Claro que no. ¿Cómo voy a estar ilusionada con «ÉL»? ¡Yo no engaño a Mirco!

—Entonces, disfruta de la charla y ponte al día.

«Mmm».

«Ni se te ocurra opinar», se reprendió a sí misma, porque no veía fallas en el razonamiento de su hermana y su vocecita estaba a punto de confirmárselo con un pensamiento bien claro.

—Me voy a desayunar. ¿Necesitas algo más, Malu?

—Que te vayas a la… cocina, Marcia.

Cortó la llamada con la furia guiando sus movimientos. Por eso, al apretar el móvil se le cayó sobre el dedo pequeño del pie desnudo.

Un par de palabras malsonantes salieron de su boca y otro par, al ver que una nueva llamada de Zoe interrumpía sus pensamientos.

Dos horas más tarde, esperaba sentada en una cafetería del centro. Sin darse cuenta, se había puesto un atuendo sensual que le quedaba como un guante. Se quiso convencer de que lo hacía porque luego se encontraría con su novio y quería verse bien para él.

«Mmm», volvió a murmurar su vocecita, y ella la silenció de inmediato.

Los vio llegar de la mano.

Zoe estaba preciosa, como siempre. El cabello rubio brillaba lindo al sol. Todos los cabellos tenían un color más bonito que su marrón caca. El de su amiga, ex, bueno, ya vería…, además, era larguísimo y con ondas naturales. Siempre le había parecido lo mejor de ella.

«Y el culo».

No negaría ese pensamiento. Su amiga siempre había tenido un cuerpo llamativo y con más curvas que las propias. Que no estaban mal, no le molestaba ser delgada, pero Zoe era de las que recibía una segunda mirada al verla pasar.

En cuanto a «ÉL», el *clavo oxidado* que fue reemplazado por un clavo ruso, un jefe que fue capitán de fútbol y la tenía loca con su sonrisa y toda su apariencia insuperable…

«No lo recordaba así», interrumpió su yo interno.

«Tampoco yo», reconoció en silencio.

No era un hombre feo, nadie en su sano juicio diría semejante tontería. Tenía un estilo muy peculiar y un aspecto actual un tanto… algo… demasiado…

«Le hace falta un baño y un paseo por la peluquería».

Manuela no estaba muy de acuerdo con su conciencia. No le parecía sucio, porque no olía mal. Lo demás sí, podía ser que tuviese demasiado pelo, por todos lados, hasta por el cuello de su camiseta salían pelos.

Ambos le sonrieron sinceramente y le dieron un abrazo apretado. Estaban felices de volver a verla y ella lo percibió al instante.

La conversación se fue dando de manera natural. Resumieron varios meses de distancia y silencio en un diálogo entretenido y por momentos, gracioso.

Mirco salió como tema importante y fue entonces cuando Manuela lo comprendió todo: no existía nadie más para ella. Ni los vagos recuerdos de un amor imposible o platónico importunaban.

No se trataba de apariencias. Nada importaba que Mirco fuese un adonis de novela, lo que importaba era la manera que su cuerpo respondía al verlo. Y si bien no sintió esa bendita electricidad que tantas veces se describía, y que la hizo dudar de que fuese el hombre para ella, sí había percibido la incómoda sensación de creer que sus rodillas dejarían de sostenerla porque sus piernas se convertían...

«No seas cursi, por favor, no digas gelatina. Me causa gracia imaginarte con piernas de gelatina, no lo digas».

Y no lo hizo, solo sonrió para sí misma y se despidió de su recuperada amiga y el novio.

¡Se los veía tan bien juntos!

Se emocionó al no sentir esa punzada de envidia malsana que solía dolerle cuando veía una pareja que era tan «tal para cual».

Ya no tenía esos malos pensamientos, porque había encontrado su otra mitad, su «tal para cual».

—Hola, pequeña —dijo Mirco, del otro lado del teléfono.

Malu no quería esperar para escuchar su voz y decirle que estaba en camino para verlo, por eso marcó su número.

—Ruso, ¿tomarías a mal que te pregunte si quieres casarte conmigo algún día? —quiso saber.

—¿Perdona? Esa es mi tarea, nena. No creo que en tus novelitas pornográficas...

«Si nunca le explicas que son eróticas y no pornográficas...».

«¡Que te calles!», pensó ofendida, no solo con su vocecita sino con su novio.

—Retiro lo dicho, Mirco.

38

No hay *happy ending*

101 semanas y 56 días después.

Cerró los ojos nuevamente y esa vez sí, las lágrimas cayeron con fuerza.

No creyó que pudiese llegar a vivir esa situación.

—*No eres tú, soy yo* —*indicó, y ella negó con la cabeza, porque ninguna palabra quería salir de su boca.*

—*Es una frase trillada y que no explica nada, Mirco. Estás dejándome a dos días de pasar por el altar.*

—*Lo siento* —*balbuceó, y bajó la mirada.*

«*Es un cobarde*».

—Una segunda vez se convierte en costumbre. Adivinas que tampoco serás feliz conmigo, ¿cierto? —le preguntó, haciendo alusión a su fracasado compromiso anterior.

—Manuela, eres avasallante y me encanta que lo seas, pero tengo casi cuarenta años y tú... no sé, eres demasiado efusiva, alocada, infantil.

—Te falta más de un año para los cuarenta y no soy... Bueno, lo soy, pero me conociste así —explicó ella.

—Te adelantaste a pedirme matrimonio, Malu, y no me atreví a negarme. Tomémonos un tiempo y lo conversamos más adelante —rogó Mirco.

—No, no quiero tomarme un tiempo y tampoco conversarlo más adelante. Te vas hoy y es para siempre, decide —determinó Manuela.

—Lo siento, de verdad. Cuídate —dijo él, y le besó la frente.

Malu admiró la ancha espalda y la redondez de su trasero e inspiró llenando su pecho de aire y angustia.

«Qué bueno que está el condenado».

—Acaba de dejarme, ¿puedes ponerte en mi lugar?

El sonido del móvil la sobresaltó y aunque quiso ignorarlo, no pudo.

La insistencia la obligó a abrir los ojos y fue cuando sintió las lágrimas que tenía retenidas contra los párpados.

Se sentó en la cama y se acarició el pecho.

La zozobra asomó en su quejido lastimero, uno que le salió de la garganta sin permiso.

¡Cómo dolía!

Perder a Mirco era lo peor que podría pasarle nunca y si ese maldito sueño era premonitorio ella…

—¡Dios mío! Es premonitorio —murmuró asombrada.

«Nunca tienes sueños premonitorios».

—Sí los tengo. Los tuve con el *clavo*.

«Con él eran certezas, Manuela. Y tu sueño fue posterior a enterarte de que estaba saliendo con Zoe».

—No me dejas pensar —gruñó, y el móvil volvió a sonar.

El nombre de Mirco apareció en la pantalla y tragó duro. Tenía tomada la decisión.

Si un sueño dolía tanto, la vida real sería insoportable.

«Manuela, por favor, detente. Piénsalo otra vez. Despiértate y luego…».

—Hola, Mirco, estaba por llamarte para decirte que no voy a casarme contigo la semana que viene —decretó, sin hacer espacio entre las palabras para poder respirar siquiera.

«Haz lo que quieras, entonces».

—Pequeña, ¿estás llorando? Voy para allá —anunció Mirco.

Él ya tenía dos años, semanas más o semanas menos, de experiencia. Malu no se lo ponía fácil. Su vida era una montaña rusa desde las primeras horas del día y daba sacudida tras sacudida.

No se quejaba, no lo hacía.

Lo hacía, un poco sí, solo por diversión.

Tenía una semana para solucionar unos cuantos imprevistos y terminar unos pendientes. Entre el trabajo y la puesta a punto de su nueva casa, la que le había regalado su padre, las horas no le alcanzaban y cuando quería distraerse con su divertida novia, ella salía con cosas como esas y se le despertaban todas las neuronas.

Lo ponía en alerta de manera constante.

Sus pensamientos estaban enfocados en que los nervios tenían a la novia al borde del abismo y que esa frase espantosa, que hubiese preferido no escuchar, era una más de sus locuras.

Ya estaba conduciendo a una velocidad prohibida.

Por su chica, cualquier cosa.

—Háblame, Manuela —suplicó, todavía con el teléfono en la mano.

—No tengo nada más que decir, Mirco —gimoteó.

—Dime ruso, o capitán o jefe, *enemie* incluso, ese me gustaba y nunca me lo dices. Recuerdo perfectamente el día que me hablaste de ese cliché y me dijiste que no te gustaba.

—No me gusta, no. Debí hacerle caso a mi mente y evitarte. No estaríamos en esta tesitura —sentenció antes de sonarse los mocos.

—Me encanta estar en esta tesitura contigo, pequeña —aseguró él sin dudarlo, y cerró la puerta del coche con un golpe seco.

Subió las escaleras salteando escalones y abrió la

314

puerta del apartamento con su propia llave.

A la decoración de siempre le faltaba algunos muebles y adornos, no había libros a la vista tampoco. Todo estaba en su nueva casa, alegrando las estancias con sus colores. Porque si de él dependía, todo sería gris y blanco.

—Aquí estoy. ¡Mira cómo estás, Malu! —soltó, en voz baja, y la abrazó contra su pecho.

El aspecto de Manuela era deplorable. Vestía el pijama más viejo, ese que tiraría al mudarse a su casa nueva; se había recogido el cabello y estaba tan enredado que era un desastre de pelos que se dirigían para cualquier lado; la nariz roja; los ojos hinchados y los labios inflamados de tanto mordérselos la hacían lucir triste. Pero Mirco solo veía a una hermosa mujer y su ternura se disparaba al escucharla hipar.

—¿Qué pasó? Cuéntame —pidió.

—Pasó que vi la realidad —explicó.

—Mi realidad es que me caso en una semana. ¿La tuya cambió mientras dormías?

—Sí, eso mismo. Soñé. En mi sueño me dejabas, te cansabas de mí y me pegabas una patada unos días antes de casarnos.

—Es razonable, entonces, que tú me des la patada antes que yo, ¿cierto? —murmuró Mirco, dándole la razón como a los locos, así decía su abuelo.

Ella asintió con seguridad y se sonó la nariz con un pañuelo de papel.

—¿Qué excusas di, pequeña?

—Que soy infantil, avasallante y no dejo de hacer locuras.

«Por lo menos, no te mientes a ti misma».

Mirco no pudo retener la risa y le besó la frente para disimular, tampoco lo logró.

—¡No te rías! —lo reprendió.

—Nena, es que eso que te dije en tu sueño es lo que más me gusta de ti. No puedo haberme cargado la relación por eso. Inventa otra cosa. Tienes muchos pajaritos en la cabeza, no, pajaritos no, son haditas, duendecillos. Ven aquí.

La subió a sus piernas y la sentó allí, para tenerla más cerca.

—Tienes mocos —le dijo, limpiándoselos.

—No me los toques, ¡asqueroso!

—Entonces, deja de llorar. Quiero casarme contigo en una semana. Por y para ti, acepté que mi padre me regalara la casa más bonita que vimos. Me encanta como eres, me fascinas, me diviertes, me conquistas, me enterneces y enfureces a veces, pocas veces. Me siento vivo contigo y me gusta. Somos intensos e impredecibles y eso es maravilloso, ¿o no? Te amo por todo eso, y luego está tu belleza, tus ojitos grises, tu cuerpo perfecto, tu cabello, toda tú. Y quiero amanecer cada día viéndote despertar. Recuerda lo bonito que es hacer el amor cuando estamos despertándonos. Ahora, imagina vivir eso cada mañana.

Quiero que me quemes más comidas y compartas más fotos mías en tus redes, las más feas si quieres. Nos falta tener sexo des... ¿cómo era?

—Desenfrenado.

—Eso mismo, sexo desenfrenado en el escritorio de mi padre. Sería un revolcón de novela erótica —señaló sonriente.

«Aprendió bien. Si solo hacía falta explicarle».

—No creo que hagamos el amor cada mañana. Eso, en mis libros, me parece una exageración —dijo Manuela, hipando.

—Lo es. Aunque lo intentaremos. ¿Mejor?

—Sí. Me encanta que me hables así. Pareces mi padre.

—No creo que me guste mucho parecer tu padre, pequeña.

—¿De verdad no te canso siendo yo? —le preguntó. Necesitaba mimos.

—Un poco, pero se soporta.

Manuela le sonrió bonito y él le besó la comisura de los labios.

Mantuvieron el silencio durante unos segundos.

Se miraron a los ojos y volvieron a sonreír.

—¿Te quieres casar conmigo la semana que viene? —preguntó él.

—Sí, quiero —respondió ella, todavía lloriqueando.

—Bien, ahora quiero que me pidas perdón por el susto que me has dado. ¡Maldita sea! Creí que se me saldría el corazón por la boca, Manuela.

—¿Podemos tener sexo de reconciliación, ruso?

Segundas oportunidades

Manuela volvió a suspirar, ya había perdido la cuenta de las veces que lo había hecho. No solo se trataba del enamoramiento intenso que la ahogaba cada vez que admiraba a su adonis personal, también estaban los nervios acechándola como aves de rapiña.

Había valido la pena darle una nueva oportunidad a su amor, pensaba.

«Escucho tus pensamientos y la tuya no es una historia de segundas oportunidades, Manuela».

«Claro que lo es. Tuvo que pedirme matrimonio nuevamente. Es un claro ejemplo».

«Eso fue la semana pasada».

«No te oigo», sentenció en silencio, y se quedó con esa idea.

Estaba viviendo una historia con una maravillosa segunda oportunidad, típico de cualquier libro de romance. Nadie le quitaría esa fantasía tan bonita, ni ella misma.

Suspiró.

Otra vez.

Mirco la observó desde su posición y le guiñó un ojo. Su novia era la más hermosa de todas las mujeres que pululaban en la sala de ceremonias. Se había maquillado con esmero y resaltando sus facciones, lo que no era necesario porque a cara lavada ya era preciosa.

Se había puesto esos tacones rojos que lo ponían al borde de la taquicardia. Lo había hecho adrede y él lo sabía. El vestido gris claro era simple, nada provocativo o sexi, por el contrario, pero él estaba al tanto de lo que había debajo, ella se lo había susurrado al pasar:

«Novio, no me puse tanga para que no puedas romperlo o robármelo».

Era revoltosa y divertida. La amaba con tanta fuerza que, a veces, tenía miedo de perderla. La edad corría para ambos y lo vulneraba un poco saber que sus cuarenta estaban a la vuelta de la esquina y le llegarían con una novia que apenas llegaba a la treintena. De cualquier manera, nadie le impediría ser feliz a su lado, disfrutar de lo que la vida le había puesto delante y hacerse viejo entre risas y arrebatos de pasión.

—¿Por qué tanta seriedad en tu cara de novio a punto de casarse? —preguntó Oliver.

—Lo de siempre. Un poco acojonado estoy y ya sabes que me he preguntado muchas veces si ella estaría mejor con un jovencito tan libre y explosivo como ella.

—Sí, la verdad es que es una mierda que te haya elegido justo a ti, el hombre que la ama sin querer cambiarle nada y, por eso mismo, ella se lo agradece con infinidad de acciones que no son secretas para nadie que los conozca —expuso, en tono sarcástico.

—Es esa la razón por la que me caso hoy, Oli. Pero el miedo es irracional. ¿O tengo que recordarte tu época de creer que eras viejo para enamorarte? —canturreó Mirco, sonriendo y señalando a la elegante rubia que abrazaba a Colin, el mayor de sus sobrinos.

Oliver se había enamorado de una doctora en pediatría que trabajaba en urgencias, en la clínica privada donde uno de sus hijos tuvo que ser atendido por una tontería.

La atracción fue tan inmediata que, la misma noche que se conocieron, él le escribió para verse y cuatro semanas más tarde, ya retozaban en la cama, sudados y agradecidos por haberse encontrado.

—No necesito que me recuerdes nada, solo aplícate el cuento y deja de pensar tonterías. Malu es lo que te mereces. Cambiemos de tema: mi madre te manda un abrazo.

—Gracias. Me llamó para decirme que no vendría y es mejor así. La mía perdona, pero no creo que olvide el dolor y Sam, tampoco. Es mejor llevar la fiesta en paz.

—Tomen asiento para dar comienzo a la ceremonia, por favor. Solo serán unos minutos y los liberaré para que puedan felicitar a los recién casados. ¿Los novios? —preguntó con voz firme una señora que aparentaba seriedad y mal humor.

Manuela y Mirco se acercaron a la mesa, decorada con elegancia, donde la jueza que los casaría los esperaba frente a un enorme libro.

«Respira», se dijo Malu, y volvió a reparar en la belleza de su futuro esposo.

Algo bueno había hecho para que la mirase con esos ojitos tan bonitos y esa sonrisa que quería morder.

«¿A que te arrepientes de no ponerte el tanga?».

«No comiences», rogó a su endiablada vocecita.

La jueza seguía hablando, Malu podía notarlo al ver cómo gesticulaba y movía los labios, pero en su mente no había cabida para palabras que sonaban a tratos comerciales como «sociedad conyugal, reparto de tareas, responsabilidades compartidas» y otras frases que le sonaban frías y calculadoras.

—Aclarados estos puntos… ¿la novia quiere decir algo antes de proclamarlos marido y mujer? —preguntó la jueza, anclando la mirada en ella.

—No preparé nada, la verdad…. ¡Qué nervios! Creo que todo lo que quise decirle, se lo dije. Él sabe lo que siento y lo que espero de nuestra pareja, no obstante, algo se me pasó por alto. Ruso, por favor, no me dejes tener más sueños como el de la semana pasada, ¿sí?

—¿Qué sueño has tenido, Malu? —quiso saber Mona—. ¿¡Qué!? Soy su madre. Tengo derecho.

Marcia había intentado silenciarla.

Era imposible.

—Yo también quiero saber —pensó Tori en voz alta. Más alta de lo esperado por ella misma.

La novia negaba con la cabeza al escuchar a ambas mujeres.

Mirco rio y giró su cuerpo para enfrentar a su suegra, quien también lo divertía mucho.

—¿Puedes creer, suegra, que soñó que la dejaba dos días antes del casamiento?

Malu le clavó la mirada con los ojos entrecerrados, y luego se dirigió a su madre.

—Lo hizo porque se sentía viejo, ¿puedes creerlo?

—Pequeña, no recuerdo que me contaras eso del sueño. Eran otros los motivos —aclaró Mirco.

Como la conocía, reconocía que lo molestaba adrede por haber contado su secreto.

—Fue mi sueño, Mirco, lo recuerdo a la perfección —sentenció Malu, a sabiendas de que se lo estaba inventando.

Ambos tenían claro que era una pulla.

—Si tú lo dices —finalizó el novio, mientras todos reían por su gesto de resignación.

—¡Ese es mi cuñado! Vas por buen camino —acotó Mateo.

Malu miró a su hermano con furia y luego movió los labios dibujando la palabra «calzonazos».

La mujer de detrás del escritorio, que solo quería terminar e irse a su casa, bufó, aunque sonriente por el ida y vuelta de todos los presentes.

Los casamientos que oficializaba, por lo general, duraban quince o veinte minutos.

No era el caso.

A ver si apuraba el trámite…

—Mirco Ivanov Miller, ¿quieres agregar algo?

—No hace falta. Ella sabe cuánto la quiero y no creo que haya ningún presente que desconozca mi amor por esta preciosa mujer. Estoy muy encaprichado con mi novia.

Todos rieron por la última frase. Solo ellos le encontraron un significado y por eso, se miraron a los ojos y sonrieron.

—Me encantas y lo sabes. Lo que más me gusta de ti es hacerte una pregunta y no tener idea de para dónde dispararás tu respuesta. Eres impredecible y eres una *loca linda*. Es un piropo —le aclaró.

—Es un piropo raro, Mirco —dijo Malu.

—Es original, como tú, nena —susurró solo para ella.

—Bien. Vamos terminando. Si nadie tiene algo para agregar daremos por…

—Tía, ¿ya acabas? Me quiero ir a casa —anunció Milton, en voz clara y decidida.

—Ya casi, amigo. Este niño sí que me adora —cuchicheó Mirco.

—En tus sueños —respondió el pequeño.

Todos rieron una vez más. El chiquillo no tenía simpatía por su nuevo tío, no obstante, él lo adoraba por su sinceridad y torpeza.

Milton se había puesto de pie y logrado escapar de los brazos de su madre. Tropezó durante el escape y se tomó de un vestido, carísimo, seguramente, porque lo tenía puesto la esposa de uno de los socios de Paul Miller.

—Hijo, no toques a la señora. Disculpe. ¡Milton! Perdón a todos. Mirco, lo siento.

Se escuchó en la sala, hasta que ambos, madre e hijo, llegaron a un acuerdo murmurado que nadie oyó.

Un nuevo bufido y un rostro de estoicismo puro, aguantado por necesidad, encontraron los novios frente a sí al girarse hacia el libro de actas, que deberían firmar en breve, una vez que la mujer que los miraba fijo lograse unirlos legalmente.

—Señor Ivanov Miller, ¿tiene los anillos?

Habían arreglado que se entregarían los anillos allí.

—No. ¿Los anillos? —preguntó el nombrado,

dirigiéndose a los presentes.

—Yo los tengo —dijo una mujer regordeta y con rostro amigable. Se puso de pie y comenzó a acercarse a ellos, desde la última fila de asientos.

—¡Ay, Dios mío! —exclamó Malu, llevándose la mano a la boca.

—Me muero muerta —murmuró Tori, otra vez, pensando en voz alta.

«¡Qué lo parió!», añadió su yo interno.

—Es amiga de Sam y mi padre —susurró el novio, observando el rostro emocionado de Manuela.

La mujer en cuestión era una de las escritoras preferidas de la novia y Mirco creyó que ese podría ser el mejor regalo de casamiento que pudiese hacerle.

La escritora le entregó los anillos a él y una bandeja de plata con un libro sobre ella, a su fan, diciendo:

—Nadie más que tú tiene este libro. Saldrá a la venta el mes que viene y esta es la prueba de impresión. La que recibo para confirmar que todo esté como lo pedí. Es tuya y te la he dedicado con mucho cariño. También te dejo mi número de teléfono para que me llames y nos tomemos una copa de vino mientras hablamos de este y otros libros, para empezar. ¿Qué te parece?

—Le parece que sí, se lo aseguro —testificó Tori, que estaba de pie, tan o más emocionada que su amiga.

—Y traes a tu amiga —agregó la mujer entre risas.

«Manuela, recuerda todo lo que descubrimos sobre los

clichés. Es una autora de romance y son todas unas embusteras».

«¡¿De verdad?!».

«Ya. Tienes razón. Te lo recuerdo otro día. Sigue con lo tuyo».

Volvieron a tomar asiento. Una vez que se colocaron los anillos, prometieron ser fieles y acompañarse en las buenas y en las malas. Este detalle, a pedido de Mona, que aseguraba que era necesario, ya que no habría boda religiosa y esa parte era la que más le gustaba.

«No me puedes negar este deseo, hija. Yo te parí. Fue cesárea, pero da igual, ¡es un parto, Malu!», había dicho, para convencer a Manuela.

—Bien, creo que, si ya no tenemos más interrupciones, puedo declarar a esta pareja…

La puerta se abrió de par en par, emitiendo un ruido sordo que obligó a todos los presentes a girarse.

—¡Y ahora qué! —explotó la jueza.

Ya había sido demasiado.

—Perdón. Me equivoqué de sala. Lamento la interrupción —murmuró una anciana, y se escabulló avergonzada.

—Demos por terminado esto de una vez. Los declaro marido y mujer, besa a la novia, firmen el acta y desaparezcan de mi vista —enumeró la jueza.

—¿Entiendes por qué no quería una boda pomposa y convencional? —susurró Malu, mientras garabateaba sobre la hoja del gran libro de actas matrimoniales.

—No esperaba menos, pequeña. Fue una boda perfecta, la que deseaba para nosotros.

—Estoy muy encaprichada contigo, esposo.

—Te amo, nena.

—Me debes el beso.

Fin

Agradecimiento

Nunca imaginé que escribiría comedias románticas, ya que me inclinaba por un camino diferente. No obstante, quiero aclarar que no he abandonado esa otra vertiente, de hecho, estoy trabajando en más novelas de romance erótico, así que ten paciencia conmigo.

Quiero expresar mi gratitud sin andar con rodeos. En primer lugar, quiero agradecer a mis lectoras cero, un apoyo fundamental en este viaje literario. Esta vez, tuve el inmenso placer de contar con cuatro escritoras que se merecen todo mi respeto, además de una lectora muy exigente y una instagrammer. Roseline Moyle, Eva Florensa Chanques y Laura Duque Jaenes son más que compañeras, son amigas a las que admiro y les agradezco de todo corazón estar a mi lado. Adriana Freixa es una escritora exitosa en el género de comedia romántica, y fue un honor contar con ella como lectora cero. ¡Fue un auténtico lujo! Y, por último, pero no menos importante, quiero agradecer a mi querida Maca Oremor de «El rincón de Maca», una lectora crítica sin pelos en la lengua, algo que valoro enormemente. Cerca del final, se sumó Vero de Románticas del norte con sus valiosos comentarios. A todas, gracias por contribuir de manera significativa para que esta novela sea lo que es.

Un GRACIAS inmenso y en mayúsculas es para Luce Monzant por la hermosa portada. «Preciosa» es una palabra que le queda corta, ¿verdad?

Quiero reiterar mi agradecimiento a Sr Marido. Él aguanta con estoicismo mis divagaciones (que dudo que le importen mucho) y mis ausencias mentales.

Finalmente, ya estoy por terminar. Otra vez, te confío a ti, querida lectora, mi nueva aventura literaria para que la disfrutes y la hagas parte de tu biblioteca. Gracias por estar y ser parte de mi emocionante travesía como escritora.

Mención especial

Con este libro, decidí levar a cabo un interesante «experimento». Reuní un grupo de lectoras que, generosamente, se ofrecieron como voluntarias a través de mis redes sociales. Juntas, formamos un grupo de Telegram y compartimos la experiencia de leer la novela de manera conjunta, antes de su publicación oficial. Fue una experiencia muy enriquecedora para mí como autora.

Me gustaría expresar mi profundo agradecimiento a Loli de «Aquí leemos romántica», Luisa de «Entre libros y plancha», Maru de «Crazy book lady», Yuly Tello y Johanna. Gracias por unirse a este proyecto y por dedicar su tiempo y esfuerzo en brindarme sus valiosas opiniones y críticas. Sin duda, su participación fue fundamental para canalizar las ansias previas a la publicación, incluso sin ser conscientes de ello.

Estas siete lectoras conocieron todos lo detalles de mi libro antes que nadie, y me sentí acompañada en cada paso que di hasta, por fin, obtener el enlace de venta de Amazon. Su apoyo y colaboración fueron esenciales para llevar a cabo este proyecto. Estoy segura de que repetiré esta experiencia con mis próximos libros.

Una vez más, gracias de todo corazón a Loli, Luisa, Maru, Yuly y Johanna por ser parte de este emocionante proyecto. Su contribución ha dejado una huella indeleble en mí.

Sobre la autora

Ivonne Vivier no es mi nombre real, es mi seudónimo. Con él vivo historias de amor apasionado y dejo volar todas mis fantasías para crear romances de esos que roban suspiros. Desde que me atreví a escribir mis primeros párrafos, descubrí que esta era mi verdadera pasión.

Soy argentina, nací en 1971 en una ciudad al noroeste de la provincia de Buenos Aires, aunque, actualmente, resido en Estados Unidos. Estoy casada y tengo tres hijos, que ya aprendieron a volar solos. Como madre y esposa, un día me encontré atrapada en la rutina diaria y me animé a volcar mi tiempo a la escritura.

Desde entonces, disfruto y aprendo dándole vida y sentimientos a mis personajes a través de un lenguaje simple y cotidiano. Lo que comenzó como una aventura, tal vez un atrevimiento, hoy se ha convertido en una necesidad.

Nota de la autora:

Si te ha gustado la novela / libro me gustaría pedirte que escribieras una breve reseña en la librería online donde la hayas adquirido (Smashwords, iBooks, Amazon, etc.) o en cualquiera de mis redes sociales. No te llevará más de dos minutos y así ayudarás a otros lectores potenciales a saber qué pueden esperar de ella.

¡Muchas gracias!

Facebook	Instagram	TikTok

Los libros de Ivonne Vivier

Scan Me

Made in the USA
Monee, IL
14 May 2025

17309280R00184